D1828432

Jürgen U. Philipp

Fotos digital – Produkt-Shots

Jürgen U. Philipp

FOTOS digital

PRODUKT-SHOTS

vfv

Bibliografische Information der Deutschen Bibliothek:
Die Deutsche Bibliothek verzeichnet diese Publikation in der
Deutschen Nationalbibliografie; detaillierte bibliografische Daten
sind im Internet über http://dnb.ddb.de abrufbar.

Verlag und Autor danken der Firma Novoflex für die Überlassung von Bildmaterial.
Bilder: vfv-Bildarchiv: Seite 10, 31 (3), Novoflex: Seite 30, 39 (2), 41,
alle weiteren Bilder und Illustrationen vom Autor.

Bilder auf der Titelseite: Novoflex, vfv-Archiv

Autoren und Verlag haben sich bemüht, die Sachverhalte und Gerätefunktionen
korrekt wiederzugeben und zu interpretieren. Trotzdem können bei aller Sorgfalt Fehler
nicht völlig ausgeschlossen werden. Wir sind unseren Lesern deshalb stets dankbar
für konstruktive Hinweise. Eine Haftung der Autoren bzw. des Verlages für Personen-,
Sach- und Vermögensschäden ist ausgschlossen.

Warennamen werden ohne Gewährleistung der freien Verwendbarkeit benutzt.

1. Auflage

© 2004 by vfv Verlag für Foto, Film und Video, D-82205 Gilching. www.vfv-verlag.de

Alle Rechte vorbehalten. Reproduktionen, Speicherung in Datenverarbeitungsanlagen,
Wiedergabe auf elektronischen, fotomechanischen oder ähnlichen Wegen, Funk und
Vortrag – auch auszugsweise – nur mit Genehmigung des Copyrightinhabers.

Printed in EU

ISBN 3-88955-154-8

Inhalt

Aufnahmepraxis – Fallbeispiele .43

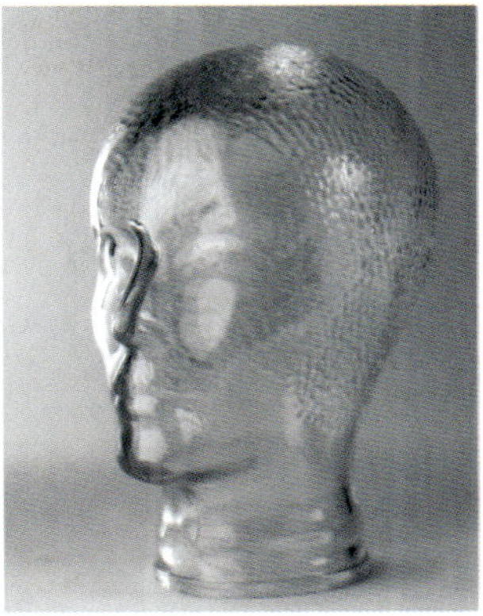

Unbenannt
Zurück
Vorwärts
Abbrechen
Aktualisieren
Startseite
AutoAusfüllen
Adresse:
Explorer
Live Home Page
Apple Computer
iTools
Apple Kundendienst
Favoriten
Verkauf
Suchen
Album
Seitenhalter
Steiff Teddy – das Original
Hervorragend erhalten, wenig benutzt Das Sammlerobjekt aus der Neuzeit für alle Steiff-Liebhaber.
Für die Echtheit steht der Knopf im Ohr. Er trägt den Schriftzug »Steiff« al sPrägumng.
Gebote und Kontakt unter:
www.wwww.xxx
Großes Bild
Großes Bild
Zone für lokale Computer

Vorwort

Der zeitgemäße »Flohmarkt« findet heute zu einem erheblichen Teil »online« im Internet und in gedruckten Medien statt. Die virtuellen Auktionshäuser haben durchgehend im Internet »geöffnet«. Anzeigenblätter am Zeitungskiosk bieten ihren Kunden die Möglichkeit, Produkte auch im Bild zu zeigen. Schwarzweiße Fotos in aller Regel in Zeitung und Zeitschrift, um Kosten niedrig zu halten. Farbfotos hingegen im Internet, bei Auktionshäusern wie ebay. Zeitgemäß genutzte Medien vereinnahmen ein uraltes Prinzip der »echten« Flohmärkte: Ware sehen, bevor man sie kauft. Eine ebenso ausführliche wie ehrliche Beschreibung begleitet das Produkt. Gut, anfassen geht noch nicht im Internet. Um so wichtiger wird es, in Fotos den Kaufreiz auszuüben, den ein Käufer angesichts eines »Schnäppchen« beim persönlichen Kontakt verspürt.

Fotos müssen den wichtigen Anstoß geben, gerade dieses eine Produkt haben zu wollen. Fotos schaffen dieses Kunststück nur zum Teil, bessere Fotos überzeugen schon eher. Die besten Fotos vermögen vielleicht sogar zu überreden.

Wie macht man »überzeugende« Fotos? Auf diese Frage soll dieses Buch Ihnen alle Antworten geben. Was ist wichtig an einem Produkt, aus welchem Blickwinkel sollte man es zeigen und wann muss die Übersicht mit Fotos von Details ergänzt werden? Ein bisschen Verkaufsphilosophie offenbart sich in der fotografisch optimalen Perspektive. Die Dokumentation von Besonderheiten oder auch Gebrauchsspuren bezeugt den Wert.

Produktfoto, Sachfotografie oder auch »fotografiertes Objekt« – für diese Art der Fotografie gibt es viele Fachbegriffe. Der Einfachheit halber bleibe ich beim Ausdruck »Produktfotografie« und bei Begriffen wie »Produkt« oder »Objekt«. Jedes zum Verkauf angebotene Teil war ja in seiner kurzen oder langen Vergangenheit einmal das Produkt eines »Herstellers«. Jedes Produkt ist in seiner Vergangenheit vielleicht schon einmal fotografisch »in's beste Licht« gerückt worden. Damit sich sein nächster Besitzer vom Produkt oder Foto-Objekt »ein Bild machen« kann, sollte der Verkäufer ein wenig Mühe für die optimale fotografische Abbildung nicht scheuen.

Digitale Fototechnik bietet beste Voraussetzungen für zielgerechte Resultate. Wie man sie einsetzt, was an Grundsätzlichem zu beachten sein sollte und mit welchen Tricks der Profi arbeiten würde, soll dieses Buch Ihnen nahe bringen. Eigentlich ist es ja ganz einfach:

- ✘ Platzieren Sie das Produkt
- ✘ Wählen Sie den besten Blickwinkel
- ✘ Perfektionieren Sie die Beleuchtung
- ✘ Machen Sie ein Bild davon

Wenn noch etwas fehlen sollte, dann hilft meist ein Tipp aus der elektronischen Bildbearbeitung (EBV).

Wenn immer noch etwas fehlen sollte, dann kann es sich nur um den Käufer handeln – doch der sollte bei überzeugenden Bildern nicht lange ausbleiben.

Produkt-Shots – Ziel und Zweck

Vor aller Foto- und Aufnahmetechnik soll eine Standortbestimmung stattfinden. Was sind »Produkt-Shots«, welchem Zweck sollen sie dienen und welche Ziele sind zu erreichen?

Was sind »Produkt-Shots«?

Produkt-Shots oder Sachaufnahmen sind das »Transportmittel« der optischen Information über Produkte. Sachlich und ausführlich zeigen Hersteller im Bild, was sie zu verkaufen haben.

»Sachfotografen« zeigen Produkte aus optimalem Blickwinkel unter einer Beleuchtung, die allen Eigenschaften von Formen und Oberflächen gerecht wird. Eine auf den ersten Blick einfache Aufgabe, die jedoch oft viel Vorbereitung fordert.

Neben der eher nüchtern, sachlichen Aufnahmetechnik zählen werbewirksam oder »künstlerisch« angelegte Aufnahmen von Produkten zur Sachfotografie, die natürlich nicht nur informieren, sondern auch Kaufreiz ausstrahlen soll.

Produkt-Shots sind das »Paßbild« eines neuwertigen oder auch gebrauchten Produkts. Sie vermitteln jede wichtige Information optisch, auch zu Wert und Zustand.

Die Dimension eines Objektes schreibt vor, welcher Aufwand an Fototechnik getrieben werden muss und welche räumlichen Bedingungen erfüllt sein sollten, um eine optimale Foto-Lösung zu erzielen.

Produkt-Shots – wofür?

Die Frage nach Ziel und Zweck der Sachaufnahmen lässt sich auf mindestens zweierlei Weise beantworten:

1.) Aufmerksamkeit erzielen und damit Konkurrenten übertreffen. Die optische Information soll neben der Text-Information die Entscheidung zum Kauf beeinflussen.

2.) Ziel und Zweck (oder Verwendungszweck) lassen sich auch als »technische Vorgabe« der Lösung sehen. Je nachdem, für welches Medium die Aufnahmen benötigt werden, liegen andere Anforderungen an die digitale Bilddatei vor.

Kaufmännische Überlegungen oder Absichten der »Verkaufsstrategie« stehen nicht im Mittelpunkt dieses Buches, obwohl die Sachaufnahme diese Fragen nicht völlig ignorieren kann. Forderungen an die Fototechnik und praktische Lösungen in der Aufnahmetechnik sollen in den folgenden Kapiteln jedoch Wege zur erfolgreichen Verkaufs-Unterstützung mit Hilfe von Sachaufnahmen aufzeigen.

Produkt-Shots – womit?

Digitale Kameras sind die idealen technischen Mittel zum Zweck in der Sachfotografie. Ihre besonderen Vorteile:

- ✘ Ideal für Mini- bis Makro-Objekte.
- ✘ Sofort-Kontrolle am TFT-Monitor
- ✘ Übernahme vom PC ohne Umwege

Alle Arbeitsschritte sind mit Hilfe der digitalen Kamera auf den schnellen Erfolg, auf die schnelle Übernahme ausgelegt. Vor allem für die »Flohmarkt-Aussteller« im Internet ist es ein unschätzbarer Vorteil, wenn man ohne zeitraubende Verarbeitung von Aufnahmen im eigenen Haus binnen weniger Minuten aus dem Studio direkt in das »Schaufenster« der Auktionshäuser des Internets arbeiten kann. Welche Kameras für alle Fälle digitaler Verkaufsstrategien geeignet sind, verrät das folgende Kapitel.

Die Ziel-Medien

Ein Blick auf die Ziel-Medien zeigt, welchen technischen Aufwand man treiben sollte, um für jedes Medium optimal gewappnet zu sein. Sachaufnahmen werden für ein oder mehrere »Medien« zur »Veröffentlichung« geplant. Die wichtigsten Medien, die für eine optimale Sachaufnahme zu berücksichtigen sind:

- Zeitung
- Zeitschrift, Prospekt, Katalog
- Internet

Neben der Entscheidung für ein Ziel-Medium spielt die Bildgröße des zu veröffentlichenden Produkt-Shots eine ausschlaggebende Rolle bei der Entscheidung für die notwendige Technik. Vor allem das Auflösungsvermögen einer digitalen Kamera ist hier die Richtschnur für ein optimales Bildergebnis. Die folgenden Details sollen über Anforderungen und Arbeitsbereiche informieren, die man bei konkreten Aufgabenstellungen der Sachfotografie immer wieder nachschlagen kann.

Produkt-Shots für die Zeitung

Schwarzweiße und auch farbige Abbildungen auf Zeitungspapier werden in ein relativ grobes »Bildraster« umgesetzt. Entsprechend niedrig sind die Anforderungen an die digitale Auflösung der Kamera.

Bildraster für den Druck auf Zeitungspapier kann man mit Werten zwischen 30 und 40 »Linien pro Zentimeter« ansetzen.

Megapixel	Pixel	dpi	Maximales Zielformat ca.
2	1600 x 1200	150	27 x 20 cm
3	2048 x 1536	150	35 x 26 cm
4	2304 x 1758	150	39 x 30 cm
5	2592 x 1944	150	44 x 33 cm
6	3072 x 2048	150	52 x 35 cm
8	3264 x 2448	150	55 x 42 cm

Um Irrtümern vorzubeugen: Hierzulande übliche Angaben beziehen sich oft auf »Zentimeter«. Durch Computer, digitale Fotografie oder elektronische Bildbearbeitung

Links: Farbbild aus einer Zeitschrift. Durch die Vergrößerung ist das Bildraster aus unterschiedlich gefüllten Rasterpunkten und die Farbwiedergabe aus Cyan, Magenta, Gelb und Schwarz zu erkennen. Unten: Zeitungs-Bildraster in Schwarzweiß. Das grobe Bildraster ist deutlich zu sehen.

Info:

Bildraster

Auflösung eines Bildes in Rasterpunkte für den Druck durch Laserdrucker oder Druckmaschine für Zeitung, Zeitschrift, Prospekt, Buch. Die Auflösung wird gröber und der Helligkeits- oder Farbwert eines einzelnen Punktes wird durch die Fläche eines Rasterpunktes simuliert. Ein gefüllter Rasterpunkt wirkt dunkel, ein teilweise gefüllter Punkt erzeugt einen helleren Eindruck. Bildraster werden in »Linien pro Inch« angegeben.

Qualitätsfaktor

Für Bildraster wird ein Qualitätsfaktor empfohlen, der eine 1,5 bis 2-fache Menge digitaler Punkte bei vorgegebenem Bildraster fordert. Ein Beispiel: Für das Bildraster 170 lpi sollte man eine Auflösung von 255 bis 340 dpi in der digitalen Bilddatei bieten.

gewohnte Angaben besteht die Verwechslungsgefahr zu Angaben, die sich auf »Inch« (entsprechend Zoll) beziehen. 30 Linien pro Zentimeter sind gleichzusetzen mit »75 ppi (Pixel per inch)«. Unter Ansetzen eines Qualitätsfaktors von 1,5 bis 2 sollte das Bild für das Bildraster von 75 ppi eine Auflösung von 110 bis 150 dpi (dots per inch) aufweisen.

Produkt-Shots für Zeitschrift, Prospekt, Katalog

Vor allem farbige Abbildungen kommen für die Zeitschrift in Frage. Für den Druck werden Bilder in ein Bildraster gewandelt. Eine Wandlung, die in der Druck-Verarbeitung stattfindet und nicht vom Fotografen zu liefern ist. Für Zeitschriften kommen Bildraster bis zu 170 ppi in Frage. Bei einem

Megapixel	Pixel	dpi	Maximales Zielformat ca.
2	1600 x 1200	300	13,5 x 10 cm
3	2048 x 1536	300	17,5 x 13 cm
4	2304 x 1758	300	19,5 x 15 cm
5	2592 x 1944	300	22 x 16,5 cm
6	3072 x 2048	300	26 x 17,5 cm
8	3264 x 2448	300	27,5 x 21 cm

hohen Qualitätsfaktor 2 sollte das Bild eine Auflösung zwischen 255 bis 340 dpi besitzen. Ein Wert von 300 dpi ist als guter Durchschnitt ausreichend.

Feine Bildraster von 170 Linien pro Inch und mehr sorgen für hochwertigen Druck, in dem die Bildqualität durch bessere Detailwiedergabe gesteigert ist. Unten die sehr starke Vergrößerung eines Bildausschnitts von einem hochwertigen Farbdruck.

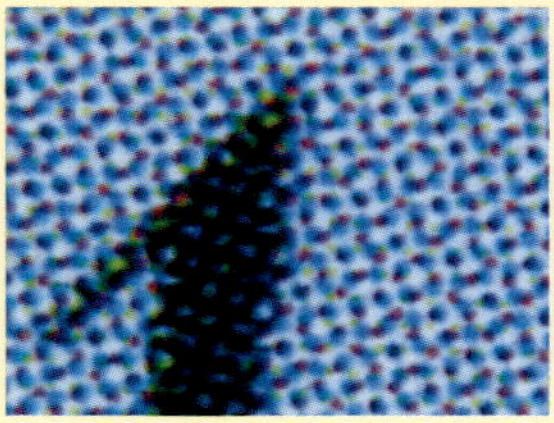

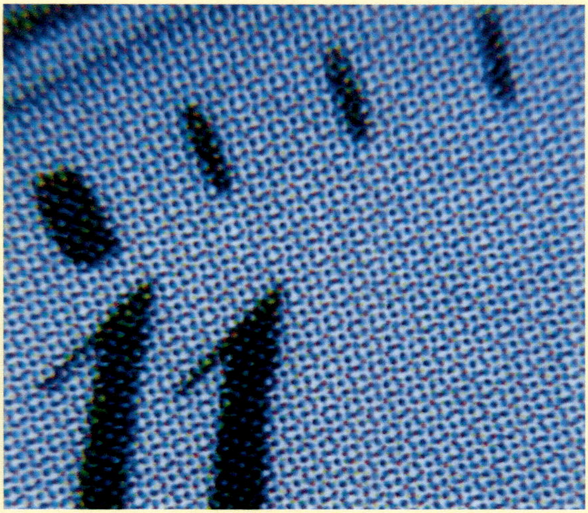

Produkt-Shots für das Internet

Zur Veröffentlichung im Internet bestimmte Bilder darf man als »Sonderfall« mit eigenen Voraussetzungen betrachten.

Für die Anzeige eines Fotos wird kein »Bildraster« benötigt. Ein Pixel der Fotografie steht für ein Pixel der Monitor-Auflösung.

Im Rahmen fester Monitor-Auflösungen muss man trotz vieler Monitor-Auflösungsstufen von häufig benutzten Einstellungen ausgehen. Die Auflösung von 1024 x 768 Pixel für den Monitor ist ein guter Durchschnitt, obwohl man eine Auswahl von 640 x 480 Pixel bis 1600 x 1200 und mehr Pixel ansetzen darf.

Gerade in Internet-Seiten darf man von einer 1:1-Darstellung ausgehen. Ein Bild von beispielsweise 100 x 200 Pixel beansprucht genau diese Pixelmenge auf der Monitorfläche. Trotz einer festgelegten Monitor-Auflösung von 72 dpi hängt die Darstellung nur von der Einstellung der Monitor-Auflösung und der tatsächlichen Dimension des Monitors ab. Auf einem kleinen (14 Inch) Monitor wird bei gleicher Monitor-Auflösung das Bild kleiner gezeigt, als auf einem identisch eingestellten 20-Inch-Monitor. Die Zielformate in der Tabelle überschreiten die Monitor-Auflösung und geben trotzdem wertvolle Hinweise auf Reduzierung der Bildformate oder die Nutzung von Bildausschnitten. Ein Qualitätsfaktor wie beim Druck wird für Internet-Bilder nicht benötigt.

Megapixel	Pixel	dpi	Maximales Zielformat ca.
2	1600 x 1200	72	56,4 x 42,3 cm
3	2048 x 1536	72	72,2 x 54,2 cm
4	2304 x 1758	72	81,3 x 62 cm
5	2592 x 1944	72	91,4 x 68,6 cm
6	3072 x 2048	72	108 x 72,2 cm
8	3264 x 2448	72	115 x 86 cm

Das richtige Bilddatei-Format für das Internet ist JPEG, da es weit verbreitet ist und zudem Farben ohne Einschränkung zu bieten hat. Soll ein Bild lediglich der Anzeige im Internet dienen, dann genügt eine dem Monitor angepasste Größe bei geringer Komprimierung, um JPEG-Qualitätsverluste gering zu halten.

Links: Ein Screenshot vom Monitor, für den Bilder nicht gerastert werden. Unten die starke Vergrößerung eines Bildausschnitts. Jeder Bildpunkt wird vom Monitor in seiner Helligkeit gesteuert. Jeder Farbpunkt wird aus drei Farbpunkten oder Streifen (Rot, Grün, Blau) gebildet, die dicht zusammen liegen.

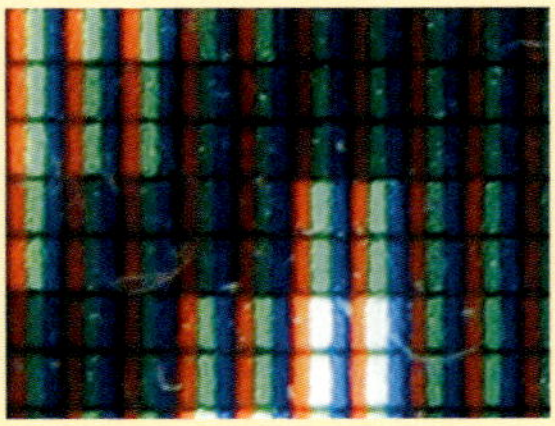

Auflösung und Zielformat

Die detaillierten Informationen zum Verwendungszweck zuvor können nur einen groben Anhalt für die eigenen Zwecke liefern, eine Orientierungshilfe. Gerade für die eher bescheidenen Anforderungen im Internet kann man immer wieder feststellen, dass es besser ist, von höherer Qualität die tatsächlich erforderliche Auflösung abzuleiten. Nie ist es möglich, aus wenig detaillierten Bildern bessere Bilder zu erzeugen oder größere Bildformate mit Hilfe der Methoden der Interpolation zu bekommen. Selbst die besten Interpolations-Algorithmen einer professionellen EBV-Software wie der Adobe Photoshop können nur aus vorhandenen Details das Optimale machen.

Welche Auflösung ist richtig, welche Auflösungsstufe soll für die Wiedergabe gewählt werden? Besonders schöne Sachaufnahmen oder auch gute Sachaufnahmen von besonders wertvollen Objekten werden öfter einmal zum Wunsch führen, ein Poster oder Plakat zu drucken und an die Wand zu hängen.

Weise Köpfe werden immer wieder einen Streit beginnen über das Thema »Wiedergabe-Auflösung« und zu immer neuen Einstellungen und Begründungen finden. Für alle Beispiele in diesem Buch habe ich eine Wiedergabe-Auflösung von 254 dpi gewählt. Aus Bequemlichkeit? Nicht ganz, denn die Auflösung von 254 dpi ist praktisch die einzige Zahl, die einen »schmerzlosen« Wandel vom Inch-basierten Format in das metrische System einschließt. 55 Millimeter breite Bilder basieren demnach immer auf 550 Pixel und haben immerhin zehn Pixel pro Millimeter, in denen Details sich zeigen können. Nur das Druckraster (170 lpi) reduziert das Ergebnis minimal.

Für eigene Drucke zum Beispiel mit einem Tintenstrahldrucker, möchte ich für Großformate empfehlen, von besten Vorlagen (hochaufgelöste Aufnahme ohne Komprimierung) es einfach auf einen Versuch ankommen zu lassen. Formate wie 75 x 50 cm (Poster) und mehr betrachtet man aus größerem Abstand. Damit erkennt das Auge nicht mehr die gröbere Auflösung. Etwas mehr Kontrast und dazu vielleicht eine leichte Schärfung (USM = Unscharfmaskierung) verbessert das Ergebnis. Dabei sollte man als »Schwellenwert« eventuell einen höheren Wert wählen, damit flächige Bereiche nicht zu »Gries« geschärft werden sondern als homogene Flächen bestehen bleiben. Auch eine Ausgabe-Software, wie S-Spline (für PC-Windows und Apple Macintosh zu erhalten) , kann nützlich sein. Sie wendet im Prinzip die empfohlene Vorgehensweise an, um große und größte Wiedergabe-Formate in eine Druckdatei des Bildes zu schreiben.

Hohe Auflösung von 8 Megapixel ist derzeit der Vorteil für Amateure in kompakten Kameras mit fest eingebautem Objektiv. Jede Formatänderung für die Wiedergabe, wie hier für das Buch, bedeutet, nur bedingt die mögliche Qualität zeigen zu können. Das verdeutlicht die Tatsache, dass diesem Bild eine Auflösung von 3264 x 2448 Pixel zugrunde liegt. Bei 254 dpi Wiedergabe-Auflösung wäre ein Bild von über 32 x 24 cm mindestens druckbar. Die nächste Seite zeigt einen Ausschnitt aus diesem Bild, der schon eher der möglichen Wiedergabe-Qualität im hochwertigen Druck entspricht.

Aufnahmepraxis – Basiswissen

Von Aufnahmetechnik bis Zubehör bewegt sich das »ABC« der Produkt-Fotografie. In diesem Kapitel soll es um die notwendige Technik und nützliche Hilfsmittel gehen.

Die digitale Kamera

Fast jede digitale Kamera ist für Produkt-Aufnahmen geeignet. Von erschwinglichen Kameras der »Güteklasse 2 Mega-Pixel« bis zur teuren digitalen SLR-Ausrüstung.

Digitale Kameras erfordern eine eigene »Klassifizierung«, bei der es um Grundsätzliches, besondere Eignung und eher hinderliche Eigenschaften geht. Durch alle Qualitätsstufen sind diese vorab angeführten Eigenschaften anzutreffen.

Eine **fest eingebaute Brennweite** besitzen vor allem einfache digitale Kameras. Oft hat dieser Kameratyp auch nur einen **eingebauten Bildspeicher** ohne zusätzlichen Wechselspeicher. Eine mögliche kürzeste Einstellentfernung von etwa einem Meter begrenzt zusätzlich. Ein **optischer Sucher** genügt den Ansprüchen. Der zusätzliche TFT-Monitor kann nützlich sein. Nur ausreichend große Objekte lassen sich zufriedenstellend fotografieren.

Kameras mit fest eingebautem 3-fach oder 4-fach **Zoom-Objektiv** (meist Weitwinkel bis leichtes Tele) bieten in aller Regel die besten optischen Voraussetzungen. Die kürzeste Einstellentfernung führt in den Bereich der Nahaufnahme, meist sogar in Bereiche der Makro-Aufnahme mit sehr guten Voraussetzungen. Konverter für Makro-, Weitwinkel- und Tele-Erweiterung verstärken die Vielseitigkeit. Ein Kameratyp, der sich als ideal für die Zwecke der Sachfotografie bezeichnen lässt.

Kameras mit **extremen Zoom-Brennweiten** sind oft weniger gut für die Zwecke der Sachfotografie geeignet. Ist der Weitwinkel-Bereich beim leichten Weitwinkel angesiedelt, so bringt der Tele-Bereich über 200 mm Brennweite keine zusätzlichen Vorteile für die Sachaufnahme. Verzeichnungen können beim optischen 10-fach Zoom-Objektiv sogar stärker ausgeprägt sein.

Links: Minimum und Maximum eines 4-fach Zoom-Objektivs mit 35 mm bis 140 mm Brennweite.
Unten: Zoom-Ausschnitte von 200 mm, 400 mm und 800 mm, wie man sie optisch, mit Televorsatz und digital erzielt.

Info:

Sucher

Optische Sucher und optische TTL-Sucher sind vorteilhafter als TFT-Monitore, die bei hellem Licht abgeschirmt werden müssen, um die Anzeige noch zu erkennen. Durch mehrmals nötige Auffrischung der TTL-Monitor-Anzeige kann ein Flackern vor allem bei bewegten Motiven sich störend auswirken. Objektiv-Zubehör kann oft den Blick durch den optischen Sucher stören.

Der **optische Sucher** steht jederzeit zur Verfügung und bietet ein ununterbrochenes Sucherbild. Selten sind Kameras mit fest eingebautem Objektiv nach dem Prinzip der Spiegelreflex-Kamera (SLR-Kamera) mit **optischem TTL-Sucher** gebaut. Dieser bietet den Vorteil des parallaxefreien Suchers, da man im Sucher den zum Bildchip identischen Blick durch das Objektiv erhält.

Kameras, die ausschließlich einen **TFT-Monitor** als Sucher an der Rückseite der Kamera besitzen, bedeuten einen Nachteil, wenn die Anzeige während der Aufnahme abgeschaltet ist.

Wird in einer Kamera der **TFT-Monitor** an der Rückseite und ein **Sucher-Monitor** mit Einblick wie bei einer »echten« SLR-Kamera geboten, so bleibt der Nachteil, dass eine Abschaltung während der Aufnahme ungünstig sein kann. Beide Suchersysteme arbeiten dann auf elektronischer Monitor-Basis bei relativ niedriger Auflösung. Langzeitaufnahmen bei schlechtem Licht zeigen das Ergebnis erst nach Abschluss der Belichtung.

Optimale Voraussetzungen bietet die Kombination von optischem Sucher und elektronischem Monitor. Nur die von herkömmlichen Kleinbild-SLR-Kameras abgeleiteten digitalen SLR-Kameras bieten über alle Modelle hinweg diesen Vorteil.

Bestimmte Forderungen der Sachfotografie wie Entzerrung (stürzende Linien, perspektivische Verzerrung) werden von keiner digitalen Kamera erfüllt. In begrenztem Maß bei digitalen SLR-Kameras durch spezielle Objektive zu erreichen, lassen sich manche Eigenschaften nur nach der Aufnahme mit Hilfe der EBV (elektronische Bildverarbeitung) nachempfinden.

Kameras mit Anschluß für ein **externes Blitzgerät** befreien von den Nachteilen eines eingebauten Blitzgeräts, der sich vor allem in der Sachaufnahme bemerkbar macht.

Merkmale einer geeigneten Kamera

Universell, vielseitig und gut soll sie sein, die digitale Kamera für alle Bereiche der Produkt-Shots. Die Merkmale einer solchen Kamera könnten sich so lesen:

- ✘ Auflösung 2 bis 3 Megapixel
- ✘ Programmautomatik
- ✘ Manuelle Zeit-/Blendeneinstellung
- ✘ Blitzschuh für externe Blitzauslösung
- ✘ 3-fach Zoom-Bereich
- ✘ Weitwinkel (ca. 35 mm)
- ✘ Makro-Bereich
- ✘ Verlustfreie Dateiformate (TIFF, RAW)

2 Megapixel-Kamera (Auflösung 1600 x 1200). Ausschnitt: Soviel Motiv zeigen 30 Pixel in der Breite.

Auflösung: Eine Auflösung von 2 bis 3 Megapixel liefert beste Qualität (300 dpi) in Bildformaten von 10 x 15 cm bis 13 x 18 cm. Auf Fotopapier sehr gut, absolut ausreichend für Internet-Bilder und dabei sogar geeignet, Ausschnitte aus einem Bild zu verwenden. Formate also, die aus dem vollen Bild herausgeschnitten werden, um sie vergrößert zur Präsentation zu benutzen. Aufnahmen aus größerer Distanz werden möglich und wenn man nicht zu kleine Ausschnitte wählt, kann man sogar Schärfentiefe gewinnen, die sich aus der größeren Aufnahmedistanz ergibt.

Programmautomatik: Gerade für weniger Geübte ist die Programmautomatik die Garantie für schnellen Erfolg. Die Standard-Motive werden vor allem bei guter Beleuchtung mit einer optimalen Belichtungszeit-/Blendenwert-Einstellung aufgenommen. Auch im Nahbereich, für Objekte die in Maßen zwischen Tennisball und Fußball liegen, gibt es kaum Probleme. Nur wenn es in den »richtigen« Makrobereich geht, in die Dimensionen von Briefmarken oder Überraschungsei-Figuren, wird das Problem etwas anders angegangen.

Manuelle Einstellung: Die manuelle Einstellung von Belichtungszeit und Blendenwert wird von einer Belichtungsmessung der Kamera unterstützt, die schon vor der Aufnahme Auskunft darüber gibt, ob man die passenden Werte für eine korrekte Belichtung eingestellt hat. Einziger Nachteil dürfte sein, dass man die Wahl der manuellen Einstellung erst bei den etwas besseren Kameras findet.

Für jede fotografische Aufgabe genügt die manuelle Einstellung, wenn man die Wirkung der zwei einzigen an der korrekten Belichtung beteiligten technischen Details versteht.

Info:

Auflösung

Die Angabe der Auflösung bei einer digitalen Kamera in Megapixel bietet nur eine grobe Orientierung. Aufschlussreicher ist die Angabe über Pixel in horizontaler und vertikaler Orientierung. Mehr Details als Pixel können nicht getrennt voneinander dargestellt werden. Tatsächlich werden sogar weniger Details aufgelöst, da selbst ein Punkt mehr als ein Pixel zur Darstellung erfordert. Auflösungsdaten einer Kamera muss man daher als Auflösungsvermögen verstehen.

3 Megapixel-Kamera (Auflösung 2080 x 1560). Ausschnitt: Soviel Motiv zeigen 30 Pixel in der Breite.

8 Megapixel-Kamera (Auflösung 3264 x 2448). Ausschnitt: Soviel Motiv zeigen 30 Pixel in der Breite.

Die **Blende** steuert eine »Hälfte« der korrekten Belichtung, indem sie je nach Öffnung mehr oder weniger Licht zum Sensor durchlässt. Sie bewirkt zudem eine wenig umfangreiche Schärfentiefe bei großer Öffnung und zunehmende Schärfentiefe, je mehr sie geschlossen wird. Relativ zur Brennweite ist mehr Schärfentiefe generell bei kurzen Brennweiten, weniger Schärfentiefe bei langen Brennweiten zu erwarten.

Die **Belichtungszeit** steuert die zweite »Hälfte« zur korrekten Belichtung bei. Blende und Belichtungszeit müssen ein »Paar« bilden, das den Ermittlungen der Belichtungsmessung entsprechend zu einander passt. Außerdem beeinflusst die Belichtungszeit im Zweifelsfall bei bewegten Motiven die »Bewegungsunschärfe«. Kurze und kürzeste Zeiten für schnelle Bewegung, lange Belichtungszeiten, wenn alle still stehen. Bewegung des Objekts, aber auch eine Bewegung der Kamera führt durch kurze Belichtungszeiten nicht mehr zu »verrissenen« Aufnahmen mit Bewegungsunschärfe. Bei fest auf einem Stativ montierter Kamera ist Bewegungsunschärfe in Sachaufnahmen eher selten zu fürchten. Eine Kamera mit »Verwacklungsausgleich« ist deutlich von Vorteil.

Blitzschuh: Der kleine Schuh für ein externes Zusatz-Blitzgerät befindet sich meist auf der Oberseite der Kamera. Auch Lösungen mit Kabel und einer Blitzschiene sind gebräuchlich. Steigt der Lichtbedarf, so ist der Zusatzblitz im Vergleich zu einem eingebauten Blitz die leistungsstarke Variante. Der externe Blitz ist immer die vernünftigste Lösung bei hohen Ansprüchen an die Ausleuchtung. Nur eine freizügig bewegliche Beleuchtung (Blitz oder Dauerlicht) erlaubt die beste Beleuchtung. Auch der indirekte Blitz mit einem an der Kamera montierten Zusatzblitz bringt schon eine bedeutende Besserung.

Es ist nur ein geringer Unterschied zwischen 35-mm Weitwinkel (oben) und 50-mm Standard-Brennweite.

Info:

Blitzschuh

Der Blitzschuh (oder Zubehörschuh) ist meist auf der Oberseite einer Kamera zu finden. Hier passt ein universelles oder systemkonformes Blitzgerät hinein, wobei der Synchronkontakt zur Blitzzündung verbunden wird. Ferner können weitere Kontakte zur Blitzsteuerung (Automatik) vorhanden sein.

3-fach Zoom: Ein 3-fach Zoom (oder auch 4-fach Zoom) ist der gute Durchschnitt einer variablen Brennweite. Der Nutzen ergibt sich aus der fein abgestuften Anpassung des Bildausschnitts. Weitwinkel bis zum leichten Porträt-Tele bedeutet jedoch auch, mit der Schärfentiefe spielen zu können und ein zentrales Motiv vor leichter Unschärfe im Hintergrund abzuheben. Vorteile können sich auch im Makro-Bereich ergeben. Für Produkt-Fotos ist dieser Bereich völlig ausreichend. Nur bei einigen Aufgaben kann man sich überlegen, diesen Bereich durch einen Weitwinkel- oder Makro-Konverter zu erweitern. Sollte die Wahl für ein »Digital-Zoom« angeboten werden, so kann man getrost auf diese Funktion verzichten. Sie lässt sich besser in der EBV realisieren.

Weitwinkel: Die Weitwinkel-Brennweite zeigt ihren besonderen Wert, wenn der räumliche Abstand von der Kamera zum Objekt nicht mehr vergrößert werden kann, wie das in geschlossenen Räumen oft der Fall ist. Meist steht ein leichtes Weitwinkel zur Verfügung. Ein Weitwinkel-Konverter vermag die Situation noch weiter zu verbessern.

Makro-Bereich: Wohl die meisten digitalen Kameras besitzen einen Makro-Bereich, der hinzugeschaltet werden kann. Wird der Makro-Bereich gewählt, dann kann die Kamera auf kürzere Distanzen fokussieren. Zwischen zehn und zwei Zentimeter Distanz sind mit makrotauglichen Kameras zu erreichen. Viele kleine Objekte können mit Hilfe dieser Funktion aufgenommen werden. Reicht der Makro-Bereich der Kamera nicht mehr, dann hilft ein Makro-Konverter weiter.

Verlustfreie Dateiformate: Mit verlustfreien Dateiformaten sind Bildformate gemeint, die nicht einer verlustbehafteten Komprimierung unterzogen werden, wie dies bei den JPEG-Dateiformaten der Fall ist. Verlustfreie Dateiformate wie TIFF oder eine »Rohdatei« (RAW) trifft man in den »besseren« digitalen Kameras an. In jedem anderen Fall, wenn JPEG unumgänglich ist, sollte man sich in eigenen Versuchsbildern die Komprimierungsraten ansehen. Schwach komprimierte JPEG-Dateien sind für viele Zwecke völlig ausreichend, vor allem, wenn die Kamera an sich schon eine hohe Auflösung bietet (3 bis 5 Megapixel). Nur mittlere und starke Komprimierung können ein Problem darstellen. Ist JPEG unvermeidbar, dann gehört zur richtigen Ausbeute der Bildqualität die umgehende Umwandlung der JPEG-Datei in eine verlustfreie Datei (TIFF beispielsweise). So vermeidet man, dass sich die Fehler der Komprimierung durch Bearbeitung und wiederholtes Speichern im JPEG-Format summieren.

Ohne Komprimierung aufgenommen und gespeichert zeigt der Ausschnitt keine Fehler.

Verlustbehaftete starke Komprimierung greift Details und Farbauflösung an (Farbblöcke).

Objektive im Detail

Um Ursache und Wirkung soll es bei der näheren Betrachtung der verschiedenen Objektive gehen. Weniger wichtig ist, ob ein Objektiv fest eingebaut oder wechselbar ist. Brennweiten, Bildwinkel und der Nutzen von Objektiv-Zusätzen stehen im Mittelpunkt.

Angaben zu Brennweiten sind stets als Vergleichsangaben zu verstehen. Wegen kleinerer Bildchip-Dimensionen und weit verbreiteter Kenntnis der Umstände beim klassischen Kleinbild-Format wurde der Vergleich zum Kleinbild-Format gewählt.

Die Informationen zu Bildwinkeln sind stets auf die Diagonale und damit auf die längste Strecke in einem Aufnahmeformat bezogen.

Die Festbrennweiten

Unter Festbrennweiten versteht man Objektive, die »nur« eine einzige Brennweite besitzen. Kameras ohne Zoom-Objektiv haben eine Festbrennweite. Die große Auswahl unter verschiedenen Festbrennweiten steht nur zu Spiegelreflexkameras zur Verfügung und zu modernen digitalen Kamera-Systemen, die von den Dimensionen der Kleinbild-SLR-Kamera abweichen und mit eigener Palette an Wechselobjektiven angeboten werden.

Jeder Festbrennweite kann man einen festen Bildwinkel zuordnen. Dieser ist jedoch von der Größe des Bildchips und damit vom genutzten Bildwinkel abhängig.Mit sinkenden Preisen und wachsendem Interesse an SLR-Kameras, die den analogen SLR-Kameras entsprechen, aber einen Bildchip an Stelle eines Films nutzen lohnt sich der Blick auf die umfangreiche Palette bestehender Systeme (Canon, Nikon, Minolta, Pentax). Diese SLR-Kameras weisen professionelle Züge auf. In der

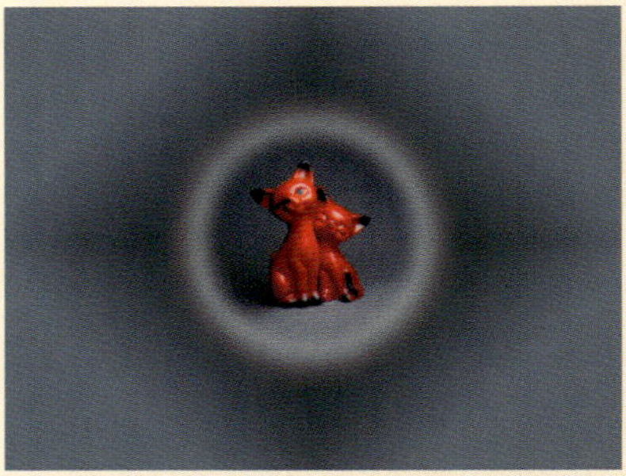

Festbrennweiten sind für digitale SLR-Kameras mit Wechselobjektiv-Anschlüssen zu erhalten (überwiegend vom Typ der Kleinbild-SLR in digitaler Ausführung). Für den Wechsel der Brennweite muss immer das ganze Objektiv ausgetauscht werden. Hier der Vergleich von drei Festbrennweiten:
35 mm Brennweite (oben), 64° Bildwinkel, 100 mm Brennweite (mitte), ca. 20° Bildwinkel und 200 mm Brennweite (unten), ca. 10° Bildwinkel. Alle Bildwinkel-Angaben beziehen sich auf die Aufnahmeformat-Diagonale, alle Brennweiten sind Kleinbild-Vergleichsangaben.

Die Brennweite von Zoom-Objektiven kann stufenlos verändert werden. Beschriftete Einstell-Elemente erlauben die ungefähre Einstellung der Brennweite. Digitale Kameras besitzen solche Hilfen meistens nicht. Die Zoom-Einstellung wird zur »intuitiven« Sache. Präzise Werte sind erst in der Bilddatei anhand von EXIF-Daten in der EBV feststellbar. Oben: Brennweitenbereich eines Zooms von 34 mm, 50 mm, 100 mm, 136 mm und 230 mm. Unten: Zoomfahrt-Effekt, wie er nur mit manuell bedienbarer Brennweiten-Einstellung bei längerer Belichtung , nicht mit einem Motor-Zoom möglich ist.

Regel wird ein Bildchip verwendet, der kleiner als das KB-Format (24 x 36 mm) ist. Dadurch ist der genutzte Bildwinkel ebenfalls kleiner. Zugleich scheint die Brennweite sich zu verlängern. Mit einem Verlängerungsfaktor von 1,5 und einer einfachen Berechnung wird die Wirkung der Brennweiten-Verlängerung vorstellbar.

Ein weiterer Vorteil der digitalen SLR-Kamera ist in umfangreichem Zubehör zu sehen. Rund um Objektive bedeutet das den Zugriff auf spezielle Objektive wie Makro-Objektive und die Abbildung beeinflussende Hilfsmittel wie Balgengeräte zur Erweiterung des Makro-Bereiches.

Das Zoom-Objektiv

Mit dem Zoom-Objektiv steht dem Fotografen eine variable Brennweite zur Verfügung. Auf einfachste Weise besteht die Möglichkeit, vom momentanen Kamera-Standpunkt aus den Bildausschnitt durch Veränderung der Zoom-Brennweite optimal anzupassen.

Zoom-Objektive sind zu allen SLR-Kameras mit Anschluß zum Objektivwechsel zu erhalten. Eine Vielzahl digitaler Kameras mit fest eingebautem Objektiv bietet als vorteilhaftes Merkmal ein Zoom-Objektiv mit dreifacher oder vierfacher Brennweiten-Variation. Meist beginnt der Zoom-Bereich bei diesen fest eingebauten Zoom-Objektiven im Bereich des leichten Weitwinkels von etwa 35 mm (Vergleichsbrennweite

Tipp:

Brennweiten-Einstellung

Die Brennweiten eines Zoom-Objektives lassen sich optimal bei manueller Einstellung verändern. Elektrischer Zoom-Einstellung fehlt oft das Feingefühl. Um ein Motiv richtig in's Format zu setzen, kann man in diesen Fällen nur die Feinabstimmung durch Änderung des Abstands zwischen der Kamera und dem Objekt finden. Spielraum vor der Kamera ist damit unverzichtbar.

zum KB-Format). Davon ausgehend sind stufenlos alle Brennweiten bis zu 105 mm (3-fach Zoom) bis 140 mm (4-fach Zoom) enthalten.

Die »gemäßigten« Zoom-Objektive bieten bezüglich Abbildungsfehlern die geringeren Probleme im Vergleich zu Zoom-Objektiven mit großer Brennweiten-Variation (z.B. 10-fach Zoom).

Ein 3-fach oder 4-fach Zoom ist idealer Partner für die Sachfotografie. Man sollte jedoch darauf achten, dass durch Filtergewinde oder Objektiv-Vorsätze-Adapter die Weitwinkel-, Makro-, Tele-Konverter und Filter nutzbar sind.

Zoom-Objektive für die SLR-Kamera besitzen Markierungen für die Einstellung bestimmter Brennweiten, die man auch von den Festbrennweiten her kennt. Die Mehrzahl aller digitalen Kameras mit fest eingebautem Zoom-Objektiv gibt nur eine Relativ-Anzeige anstelle der numerischen Einstellung an. Anhand der EXIF-Daten im Bild in Verbindung mit einem Umrechnungsfaktor kann bei diesen Kameras erst in der EBV die Vergleichsbrennweite berechnet werden.

Makro-Objektive

Makro-Objektive erschließen den Bereich der Nahaufnahme und Makroaufnahme mit kurzen Distanzen zum Objekt und einer Abbildung zwischen geringer Verkleinerung und leichter Vergrößerung. Zu Kamera-Systemen mit Wechselobjektiven werden eigene Makro-Objektive angeboten. Ihre Arbeitsbereiche können teilweise durch den Einsatz von Zwischenringen oder Balgengeräten erweitert werden, um größere Abbildungsmaßstäbe zu erzielen. Zwischenringe oder Balgengeräte dienen der »Auszugsverlängerung«. Der Abstand zwischen Objektiv und Bildebene (Chipebene) wird vergrößert, womit eine Fokussierung

Links oben: Eingebaute Makro-Funktionen erzielen oft erstaunlich gute Makro-Bereiche. Mit einem 10-fach Makro-Konverter (darunter) sind noch bessere Maßstäbe erzielbar, wie das etwa 12 Millimeter breite Objekt beweist.

Rechts oben: Parallele Anordnung des Objekts zum Bildchip überlistet die geringe Schärfentiefe im extremen Makro-Bereich. Die Staffelung in der Tiefe (darunter) besitzt bereits wenige Millimeter hinter der Einstellentfernung kaum noch genug Schärfe.

auf kürzere Abstände zum Objekt ermöglicht wird. Digitale Kameras mit fest eingebauter Makrofunktion erweitern intern den Fokussierbereich des Objektivs auf kürzere Abstände zum Objekt, was der Auszugsverlängerung entspricht.

Bildwinkel vom Weitwinkel (24 mm) bis zum Tele mit etwa 230 mm Brennweite.

Das Standard-Objektiv

Als Standard-Objektiv (oder Normal-Brennweite) wird ein Objektiv bezeichnet, dessen Brennweite der Diagonalen des Aufnahmeformats entspricht. Beim Kleinbild-Format hat sich eine Normalbrennweite durchgesetzt, die mit 50 mm etwas länger als die Diagonale des KB-Aufnahmeformats (43,26 mm) ist. Daraus ergibt sich ein Bildwinkel von knapp 47°. Das Standard-Objektiv ist ein universelles Objektiv.

Ein Vergleich zwischen menschlicher Sehweise und der Wirkung eines »einäugigen« Objektivs ist nur bedingt möglich.

Standard-Objektiv Perspektiven

Alle Aufnahmen mit der 50-mm-Standard-Brennweite zeigen die Wirkung durch eine Veränderung des Standpunktes. Auf »Augenhöhe« (rechts) ist eine gewohnte Ansicht zu erzielen. Unten links führt die Sicht von oben zu einem gedrungenen Objekt, bei dem jedoch die sonst kaum sichtbare Oberseite einbezogen ist. Die Sicht von unten verleiht jedem Objekt etwas monumentales. Das Objekt wirkt überhöht, größer als in Wirklichkeit. Fotos aus Augenhöhe wirken natürlich. Von oben herab aufgenommen, zeigt man dem Zuschauer immer drei Seiten des Objektes zugleich.

Das Standard-Objektiv entspricht annähernd dem Augeneindruck bezüglich des Eindrucks von der Größe eines Objektes. Der menschliche Sehwinkel ist jedoch nicht vergleichbar.

Weitwinkel-Eigenschaften

Alle Objektive mit einem im Vergleich zum Standard-Objektiv größeren Bildwinkel zählen zu den »Weitwinkel-Objektiven«, obwohl es recht große Unterschiede in den Eigenschaften zu sehen gibt.

Weitwinkel-Objektive sind im Vergleich zum Standard-Objektiv auf kürzere Mindestabstände fokussierbar. Die kürzere Brennweite sorgt für größere Schärfentiefe-Bereiche. Durch den weiten Aufnahmewinkel werden auch in engen Räumen auf kürzere Distanzen große Objekte erfassbar.

Leichte Weitwinkel-Objektive trifft man mit Brennweiten nahe 35 mm an. Ihr Bildwinkel beträgt 64°. Abbildungseigenschaften und Einflüsse von Verzeichnung sind noch nicht stark ausgeprägt.

Kräftige Weitwinkel-Brennweiten liegen zwischen 28 mm und 24 mm Brennweite. Zwischen 80° und 90° ist der Bildwinkel dieser Brennweiten anzusetzen. Noch nähere Distanzen, noch umfangreichere Schärfentiefe aber auch stärkere Verzeichnung prägen diese Weitwinkel-Objektive. Objekte nahe der Frontlinse erreichen überproportionale Dimensionen, während das Objekt sich in der Tiefe der Aufnahme kräftig verjüngt. In diesem Weitwinkel-Bereich beginnt das Risiko, dass durch schiefe oder schräge Haltung der Kamera gerade Linien durchgebogen abgebildet werden.

Extreme Weitwinkel bis zum Fisheye beginnen bei Brennweiten von 21 mm und kürzer. Die Bildwinkel überschreiten 90° und übertreffen je nach Konstruktion beim Fisheye-Objektiv auch Werte von 180°.

Weitwinkel Perspektiven

Weitwinkel-Brennweiten betonen den Vordergrund und lassen Objekte langgezogen in der Tiefe erscheinen. Objekte wirken verzerrt und zudem länger, als sie in Wirklichkeit sind. Der Effekt nimmt zu, je kürzer die Brennweite ist (Vergleichsbilder mit 28 mm Brennweite). Auf »Augenhöhe« fällt besonders die Betonung des Vordergrunds auf. Aus einer Sicht oberhalb des Objekts kann man für einen kleinen Einblick in ein Objekt sorgen. Die hohe Schärfentiefe kommt Produktfotos oft entgegen. Der weite Winkel sorgt oft dafür, dass zuviel Umfeld im Hintergrund nachbehandelt werden sollte.

Tipp:

Panorama

Die Methode der Panorama-Aufnahme für beeindruckende Landschaftsaufnahmen lässt sich auch für große oder lange Objekte in der Sachaufnahme verwenden. Wichtig ist die feste Montage der Kamera auf einem Stativ. Vertikale und horizontale Ausrichtung ist ebenso wichtig. Die Kamera darf nicht nach oben oder unten gekippt werden. Allein aus der Drehung der Kamera wird eine ausreichende Anzahl Teilaufnahmen fotografiert, die sich zudem überlappen müssen. Als Brennweite empfiehlt sich das leichte Weitwinkel (35 mm) bis zum leichten Tele (105 mm). Je länger die Brennweite gewählt wird, umso mehr Teilaufnahmen sind nötig. Das Zusammensetzen zum Panorama geschieht mittels Panorama-Software, die unter Angabe der verwendeten Brennweiten eine Verzeichnung ausgleicht.

Höchste Ausnutzung der Schärfentiefe und extreme Verzeichnung, die aus der Abbildungs-Geometrie herrühren, prägen diese Objektive. Nur Linien, die waagerecht oder senkrecht das Bildformat in der Mitte schneiden, werden noch als Gerade abgebildet. Je näher Linien am Rand aufgenommen werden, um so stärker werden diese durchgebogen.

Weitwinkel-Objektive für Sachaufnahmen sollten keine kürzere Brennweite als 28 mm oder 24 mm aufweisen, wenn nicht spezielle Bildeffekte unter Nutzung der perspektivischen Weitwinkel-Verzeichnung gewünscht sind.

Auch bei einem Weitwinkel-Objektiv fällt der Vergleich mit der menschlichen Sehweise anders als zu erwarten aus. Kurze Brennweiten sind bezüglich des Aufnahmewinkels vergleichbar. Der Eindruck von der Größe eines Objekts unterscheidet sich jedoch mit kürzer werdender Brennweite immer stärker vom Eindruck, den man mit eigenen Augen wahrnimmt. Nahe liegende Objekte scheinen größer, weit entfernte Objekte scheinen erheblich kleiner und der Eindruck von der Tiefe des Raumes scheint ebenfalls »überzogen«.

Weitwinkel Panorama

Mit jedem Weitwinkel-Objektiv lässt sich ein schmales Motiv als Panorama wiedergeben, wobei mit abnehmender Brennweite die Wirkung immer eindrucksvoller wird. Hohe Auflösung ist ein wesentlicher Faktor für brauchbare Wiedergabe-Formate. Hier wurde mit 8 Megapixel im Makrobereich gearbeitet. Der Zollstock dient als optischer Anhaltspunkt für die Dimensionen des Objekts. Auf stets umständlicheres Aufnehmen mehrerer Teilaufnahmen mit anschließender Montage zum Panorama konnte so verzichtet werden. Die Makro-Funktion im Telebereich sorgte für genug Abstand.

Tele-Eigenschaften

Brennweiten, die länger als die des Standard-Objektivs sind, werden als Tele-Objektive bezeichnet. Eine nicht ganz korrekte Anwendung der Bezeichnung, da »Tele« eigentlich eine Konstruktions-Besonderheit bezeichnet. Ohne Rücksicht darauf, ob die »Schnittweite« (Abstand Hinterlinse zum Bildchip) tatsächlich so lang ist, wie es die Brennweite vermuten lässt (Fernbildlinse) oder ob der Abstand kürzer ist (Tele), können wir bei dem bleiben, was sich eingebürgert hat.

Tele-Objektive besitzen im Vergleich zum Standard-Objektiv einen schmaleren Bildwinkel. Leichte Tele-Objektive der Brennweiten zwischen 80 mm und 100 mm weisen einen Bildwinkel zwischen ungefähr 30° und 24° auf. Gegenüber der Abbildung durch eine Standard-Brennweite scheint das Objekt vergrößert und in der Tiefe werden Objekte »verkürzt« wahrgenommen. Diese leichten Tele-Objektive werden auch als »Porträt-Tele« bezeichnet, da sie aus etwas größerem Abstand die Porportionen eines Kopfes in der Tiefe sehr natürlich wiedergeben.

Mit steigender Brennweite verengt sich der Bildwinkel des Tele-Objektivs immer stärker. Der abgebildete »Bildausschnitt« wird immer enger und auch der Eindruck von »zuammengezogener« Tiefe wird verstärkt. Schon bei einem leichten Tele ist zu bemerken, dass die Schärfentiefe weniger ausgedehnt ist als beim Standard-Objektiv und gegenüber dem Weitwinkel-Objektiv sogar erheblich abnimmt. Mit längerer Brennweite wird die Schärfentiefe immer stärker eingeengt. Weit in die Tiefe ragende Objekte sind im extremen Fall nicht mehr voll in der Schärfentiefe unterzubringen. Digitale Kompakt-Kameras sind in der Regel nicht so stark abblendbar wie die digitale SLR-Kamera, die für umfangreiche Schärfentiefe besser gerüstet ist.

Tele Perspektiven

Tele-Objektive verhalten sich aus entsprechender Distanz in vielen Eigenschaften ähnlich wie ein Standard-Objektiv. Frontale Ansichten (oben rechts) sind bei Objekten kaum zu unterscheiden. In der Tiefe ausladende Objekte werden scheinbar »verkürzt« abgebildet und man muss darauf achten, dass die Schärfentiefe von vorn bis hinten sich über das komplette Objekt erstreckt. Mit zunehmend steilem Winkel zum Objekt wird die »Verkürzung« in der Tiefe immer auffälliger. Objekte werden dann nicht mehr ihren natürlichen Proportionen entsprechend abgebildet. Rechtecke verformen sich fast zum Quadrat.

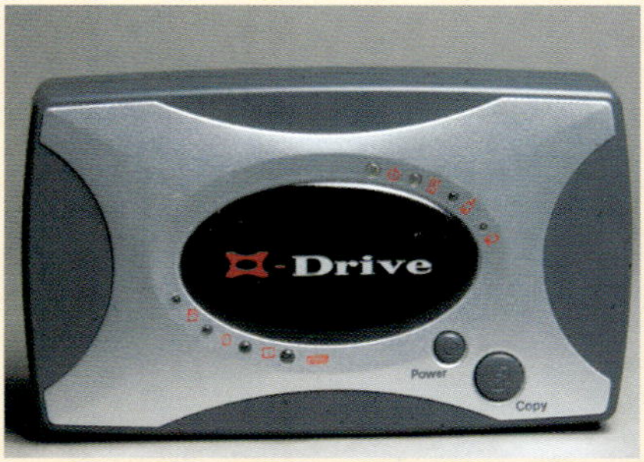

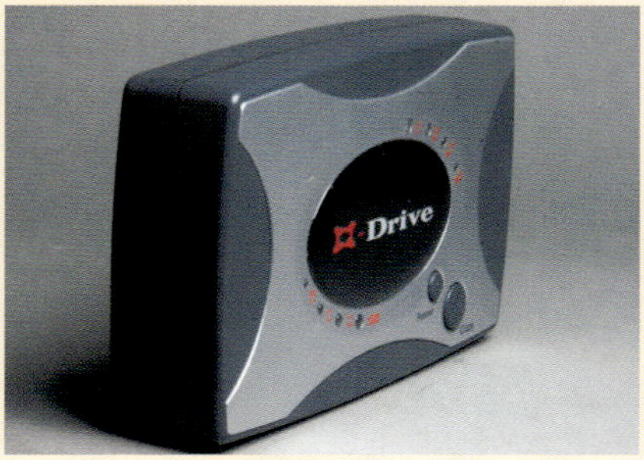

Schärfentiefe im Prinzip

Von vorn bis hinten scharf, so wünscht man sich die Bilder und redet zugleich von der Schärfentiefe. Das Prinzip ist einfach. Mit kleinerer Blendenöffnung wächst der Bereich der Schärfentiefe bei jeder Brennweite. Kurze Brennweiten weisen schon bei offener Blende eine größere Zone der Schärfentiefe auf, als dies bei langen Brennweiten der Fall ist. Auch die Einstelldistanz wirkt sich auf die Schärfentiefe aus. So ist auf kurze Distanz mit geringerer Schärfentiefe zu rechnen, als bei großer Distanz. Extrem geringe Schärfentiefe muss man bei Nahaufnahmen und vor allem im Makrobereich auf kurze Distanz berücksichtigen. Hier schrumpft die Schärfentiefe auf nur wenige Zentimeter. Bei ganz nahen Aufnahmen, bei Makro-Motiven aus kürzester Distanz bei hohem Abbildungsmaßstab sind es nur noch Millimeter und weniger Schärfentiefe.

Makro-Aufnahmen auf kurze Distanz leiden besonders stark unter geringer Schärfentiefe selbst bei starker Abblendung.

Schärfentiefe beim Teleobjektiv im Nahbereich. Oben mit offener Blende. Es wurde vorn auf den zweiten Pin fokussiert. Unten: Stark abgeblendete Aufnahme.

Die Fokussierung wurde weiter hinten (vierter Pin) bei voller Blendenöffnung angesetzt. Unten: Identische Fokussierung bei voll abgeblendetem Objektiv.

Schärfentiefe eines leichten Tele-Objektivs (100 mm). Starke Abblendung ist nötig, um ausreichende Schärfentiefe zu erzielen.

Makro mit dem Retro-Ring

Als Besonderheit für den Besitzer einer mit Wechselobjektiven ausgestatteten Spiegelreflex-Kamera darf man den »Retro-Ring« bezeichnen. Ganz ohne Grundwissen zu Nahaufnahme und Makro-Technik ist er vielleicht nicht zu verstehen.

Nahaufnahmen mit Hilfe von Nahlinsen erfahren eine Beeinflussung der Brennweite, die das Objektiv befähigt, auf kürzere als die übliche Distanz scharf zu »sehen«. Die »klassische« Art der Makro-Aufnahme benutzt eine »Auszugsverlängerung«, das heißt, der Abstand zwischen Hinterlinse und Film wurde vergrößert. Der Abbildungsmaßstab wächst und Objekte, die nahe der Objektiv-Frontlinse stehen, werden scharf sichtbar. Und damit beginnt die Sorge des Objektiv-Konstrukteurs. Objektive werden auf beste Leistung abgestimmt, für Objekte, die sich weiter weg befinden. Der kurze Abstand ist in der Kalkulation immer zwischen Objektiv und Film anzutreffen. Kehrt man durch starke Auszugsverlängerung die Verhältnisse um, steht auf einmal das Objekt viel näher am Objektiv und damit im »kurzen Teil« des Aufbaus. Dann ist eine bessere Abbildung zu erreichen, indem man das Objektiv »wendet«. Damit sind wieder optimale Verhältnisse geschaffen. Mit dem Objekt in der optimal auf kurzen Abstand berechneten Zone, mit dem Film nach der langen Strecke der Projektion.

Nur SLR-Kameras, Spiegelreflexkameras, mit Wechselobjektiven, sind neben den Fachkameras in der Lage, das Objektiv wenden zu können. Kurz und präzise als »Retro-Stellung« bezeichnet. Einst war das mit einfachen Mitteln wie Zwischenringen zu bewerkstelligen. Mit der zunehmenden Elektronik, erst recht mit der ausschließlich auf Elektronik basierenden digitalen Kamera, war die Verbindung unterbrochen. Ließe sich das Objektiv immer noch einfach umkehren und adaptieren, so gäbe es jedoch kein einziges elektronisches Signal, das für das Schließen der Blende oder eine Autofokus-Fokussierung sorgen könnte.

Mit der digitalen Kamera scheinen manche Hilfsmittel in Vergessenheit geraten. Nicht so bei Novoflex, die mit dem richtigen Equipment zu Kameras wie beispielsweise der Canon 300D die Lücke füllen. Ein Ring mit Bajonett und Filtergewinde passt in den Kamerabody. Er besitzt zu-

Tipp:

Mechanische Retro-Ringe...

...sind die preiswertere Alternative zur komfortablen automatischen Lösung, die alle wichtigen elektrischen Verbindungen überträgt. Bei manueller (mechanischer) Ausführung sind längere Objektive verwendbar, die vom Spiralkabel nicht überbrückt werden. Blende und Fokussierung sind vom Fotografen manuell zu bedienen. Dabei empfiehlt sich ein Zubehör, mit dem der Abstand zwischen Objektiv und Objekt per Schneckenantrieb verändert werden kann. Er erleichtert nach grober Voreinstellung die Fokussierung erheblich.

Novoflex Retro-Ring aus Objektiv-Anschluß mit Bajonett, dazu ein Zwischenring, der das Objektiv über das Filtergewinde an der Kamera befestigt.

dem elektrische Kontakte, die über ein Spiralkabel weitergeleitet werden. Sein Filtergewinde schafft die Verbindung über das Filtergewinde des Objektivs mit der Frontseite des Objektivs. Die Umkehr- oder Retro-Stellung ist damit bereits erreicht. Ein weiterer Ring am anderen Ende des Spiralkabels trägt die gleichen elektrischen Kontakte in einem Bajonett, das nun mit dem Bajonett des Objektivs verbunden wird. Diese einfachste Verbindung erlaubt bereits mit beispielsweise einem Standard-Objektiv Distanzen unter 5 cm vor dem Objektiv zu nutzen. Im Prinzip auch Distanzen mit einem Zoom-Objektiv, die dessen variabler Brennweite entsprechen. Distanzen von weniger als 18 mm bis 55 mm also, wenn man einmal das Zoom-Objektiv des Set-Angebots der Canon 300D annimmt.

Weitergehende Variationen mit dem Retro-Ring lassen sich im Rahmen der Dehnbarkeit des Spiralkabels finden. Die etwas starre »Grundausstattung« ließe sich beispielsweise mit einer Festbrennweite und Zwischenringen oder sogar einem Balgengerät für stufenlose Auszugsverlängerung verfeinern.

Die Berechnung eines Abbildungsmaßstabes gestaltet sich etwas schwieriger, wenn halbwegs genaue Einstelldaten nicht zur Verfügung stehen. Hierbei denke ich daran, dass auch durch den kleineren Bildsensor in der SLR-Kamera zusätzliche Faktoren zu berücksichtigen wären. In jedem Fall hat man die sogar praktischere Möglichkeit der Berechnung, wenn man ein reales Maß eines Objektes ermittelt, das man in der »fertigen« Bilddatei zur Grundlage macht oder gleich auf einer Vergrößerung in Bezug setzt. Der Vergleich mit der Bilddatei ist nur möglich, wenn man die eingestellte Auflösung und die sich daraus ergebende Bildgröße berücksichtigt.

Objektive der KB-Technik bieten in extremen Makro-Bereichen die bekannt geringe Schärfentiefe, die auch bei außergewöhnlicher Abblendung gering bleibt.

Die drei oberen Beispiele zeigen, dass man mit dem Retro-Ring extreme Abbildungsmaßstäbe nutzen kann und in einer Ebene ohne große Tiefenausdehnung mit der Schärfentiefe auch bei mittlerer Abblendung auskommt. Selbst starke Abblendung sorgt nicht für genug Schärfentiefe bei Objekten, die eine große Tiefenausdehnung besitzen. Je höher der Abbildungsmaßstab, desto geringer die Schärfentiefe. Digitale Kameras mit kurzen Brennweiten werden Konkurrenten.

Licht und Beleuchtung

Von natürlichem Licht über »heiße« Halogenlampen bis zum Elektronenblitz reicht die Auswahl der für die Sachfotografie interessanten Lichtquellen.

Natürliches Licht

Zur Tageszeit steht das natürliche Licht als Beleuchtung für Sachaufnahmen zur Verfügung. Es ist die einzige Lichtquelle, bei der sich der Fotograf weitgehend nach dem zu richten hat, was er vorfindet.

Natürliches Licht oder Tageslicht hat unterschiedliche Eigenschaften. Direktes Sonnenlicht gehört zu den harten, gerichteten Beleuchtungsarten. Nur das Licht aus nördlicher Richtung ist in dieser Situation ein weiches, diffuses Licht, wenn die Sonnenstrahlung zugleich abgeschattet ist. Bei geschlossener Wolkendecke herrscht ebenfalls ein weiches Licht, in dem extreme Lichtreflexe erst gar nicht entstehen können.

Abhängig von der Tageszeit und ebenfalls abhängig von prallem Sonnenschein oder Bewölkung nimmt das Tageslicht eine Farbtemperatur zwischen bläulich und rötlich ein. Diese Farbstiche muss man mit Hilfe des Weißabgleichs neutralisieren. Partielle Farbtemperatur-Differenzen (Farbstiche) zum Beispiel in Schatten sind über den Weißabgleich nicht zu entfernen.

Künstliche Lichtquellen

Mit einem Blitzgerät steht eine künstliche Lichtquelle zur Verfügung, die in ihrer Farbtemperatur dem mittleren Tageslicht angepasst ist. Das Blitzgerät eignet sich damit unter praktisch allen Tageslichtsituationen als Lichtergänzung. Verlässt man sich ausschließlich auf das Blitzgerät als einzige Lichtquelle, so passt eine Grundeinstellung des Weißabgleichs auf Tageslicht optimal. Manche Digital-Kameras bieten jedoch darüber hinaus eine eigene Einstellung des Weißabgleichs auf den Blitz beziehungsweise die individuelle Messung.

Das Kunstlicht

Ebenfalls als »künstliche Lichtquellen« sind jene Lichtquellen zu verstehen, die unter dem Oberbegriff »Kunstlicht« zusammengefasst werden. Von der Haushaltsglühlampe bis zur Halogenlampe reicht die Auswahl an Lichtquellen, die alle eine Farbtemperatur in der Nähe von 3200 K besitzen. Sie strahlen ein Licht aus, das eine warme Farbtemperatur besitzt und ohne Korrektur im Bild zu einem Gelbstich führt. Wer die-

Tageslicht bei Kunstlicht

Tageslicht bewölkt bei Kunstlicht

ses Licht einsetzt, der muss den Weißabgleich der Kamera auf Kunstlicht einstellen. Alle Leuchtmittel dieser Kategorie erzeugen das Licht durch einen glühenden Metallfaden, wobei erhebliche Hitze entsteht. Beim Einsatz muss auf Sicherheitsabstände geachtet werden.

Leuchtstoff-Lichtquellen

Zahlreiche Varianten von der »Sparlampe« bis zur Leuchtstoffröhre sind als stromsparende und kaum Hitze erzeugende Leuchtmittel bekannt. Nur wenige eignen sich für fotografische Zwecke, da die farbliche Zusammensetzung dieses Lichts kaum durch die Balance zwischen »rötlich« und »bläulich« des Weißabgleichs zu beherrschen ist. Nur für fotografische Zwecke vorgesehene Leuchten bieten genug Sicherheit für die Farbaufnahme. »Warmton«-Leuchtmittel für gemütliches Wohnen sind kaum für die Fotografie geeignet.

Reflektor-Eigenschaften

Jedes Leuchtmittel muss in einer Lampe, in einem Reflektor verwendet werden. Grundsätzlich besitzen die Leuchtmittel eher die Eigenschaften eines »Punktstrahlers« von dem hartes, gerichtetes Licht ausgeht. Diese Eigenschaften werden durch den Reflektor beeinflusst. Oberfläche und Form des Reflektors können das harte Licht unterstützen, aber auch eher weich gestalten. Für viele fotografische Zwecke ist ein eher weiches Licht zu bevorzugen.

Große Lichtaustrittsflächen in Verbindung mit Diffusorfolien davor (Lichtwannen) zählen zu den optimalen, weichen Beleuchtungen. Das Minimum ist eine milchig-trübe Diffusor-Folie auch vor anderen Leuchten, um weicheres Licht zu erhalten. Eine weitere Verbesserung erreicht man durch einen möglichst geringen Abstand zum auszuleuchtenden Objekt. Natürlich müssen bei heißen Lichtquellen auch für Diffusor-Folien Mindestabstände eingehalten werden, um einen Brand zu vermeiden.

Kleinen externen Blitzgeräten und selbst in der Kamera eingebauten Blitzgeräten kann man durch einfache Diffusorfolien oder eine einzelne Lage eines Papiertaschentuchs weicheres Licht entlocken. Auch der Einsatz einer Lichtquelle als indirektes Licht dient der weichen Lichtstimmung. Blitzgeräte kann man gegen die Wand oder Decke leuchten lassen. Auch »heiße« Lichtquellen lassen sich als indirektes Licht einsetzen, wobei stets auf Sicherheitsabstände zu achten ist.

Kunstlicht bei Kunstlicht

Leuchtstoff bei Kunstlicht

Mischlicht-Probleme

Alles, nur kein Mischlicht – so lautet die Empfehlung, wenn die Absicht besteht, unterschiedliche Lichtquellen einzusetzen. Mischlicht bedeutet immer, dass man nur auf den einen oder den anderen Farbtemperatur-Charakter abstimmen kann. Der andere Farbtemperatur-Charakter wird immer als Farbstich im Bild verbleiben. Partiell und damit auch in der EBV nicht auszugleichen. Tageslicht und Blitzlicht passen zueinander. Leuchtstofflampen passen nur zu

Mischlicht

gleichwertigen Leuchtstofflampen. Kunstlicht-Lichtquellen ähnlicher Farbtemperatur passen ebenfalls zueinander. Jede andere Kombination sollte man ausschließen, wenn die Farbe in den Bildergebnissen stimmen soll. Setzt man Leuchtstofflampen oder Kunstlicht ein, so kann es nötig werden, den Aufnahmeraum gegen Tageslicht abzuschirmen und eventuell sogar die Raumbeleuchtung abzuschalten. Besitzen Blitzgeräte wie die Studio-Anlagen ein Einstelllicht, das in aller Regel zu Kunstlicht zu zählen ist, so kann es nötig werden, zur Aufnahme das Einstelllicht abzuschalten.

Mischlicht als legalen Bestandteil einer Aufnahme sollte man nur zulassen, wenn der Farbstich plausibel ist. Eine Lampe, die man neutral ausleuchtet und in der man die leuchtende Glühbirne abbildet, wäre ein plausibles Beispiel.

Bevorzugte Ausleuchtung

Sehgewohnheiten sind es, die für »Spielregeln« bei der Ausleuchtung gesorgt haben. Zum einen ist es eine Grundhelligkeit, die man in den Sachaufnahmen anstreben sollte. Sie gewährleistet, dass helle Anteile eines Produktes nicht überstrahlen und die tiefsten Schatten nicht zur Unkenntlichkeit in der Dunkelheit versinken.

Eine zweite Grundregel besagt, dass man mit einem Führungslicht und füllender Ausleuchtung arbeitet. Das Führungslicht ist

Grundhelligkeit von vorn oben

das hellste Licht in einer Aufnahme und sollte den Sehgewohnheiten entsprechend von links oben kommen. Füllendes Licht hellt vor allem die Schattenpartien auf, die sich unter anderem aus dem Führungslicht ergeben. Zur Aufhellung kann man in ihrer Leistung reduzierte Leuchten ebenso verwenden, wie passive Aufheller.

Drei Leuchten-Positionen

Jeder dreidimensionale Körper stellt den Fotografen bei der Sachaufnahme vor das Problem, für die Ausleuchtung Leuchten-Positionen zu wählen, die zur Lösung möglichst vieler Aufgaben ohne größeren Umbau geeignet sind. Mit je einer Leuchte in zusammen drei Positionen kommt man der Lösung recht nahe. Ein Führungslicht auf der linken Seite sollte als stärkstes Licht wirken. Mit ihm kann man durch eine etwas vorgezogene Position eine ziemlich flache Ausleuchtung wählen, die stärker auf die Vorderseite eines Objekts wirkt. Wird diese Leuchte nach hinten neben das Objekt verschoben, dann kann ihr Licht seitlich das Objekt streifend für Kontrast sorgen.

Die »einseitige« Beleuchtung eines Objekts zieht stets nach sich, dass auf der gegenüberliegenden Seite die geringste Lichtmenge eintrifft. Je breiter das Objekt, um so heftiger der Lichtverlust. Darüber hinaus werden Schatten deutlich, die sich aus hervorstehenden Details des Objekts ergeben können. Einen Ausgleich kann man durch eine zweite Leuchte schaffen, die dem Führungslicht ziemlich genau gegenübersteht. Auch ein Aufheller kann unter Umständen die Aufgabe der füllenden Aufhellleuchte übernehmen.

Dunkle Oberseiten eines Objektes können der Anlass sein, eine Leuchte von oben auf das Objekt herabstrahlen zu lassen. In der Porträtfotografie kennt man dieses Licht als Kopflicht, das Haar zum Glänzen bringt und in dunkles Haar etwas Licht und Zeichnung hineinbringt. Für die Sachaufnahme liest sich der Zweck kaum anders. Auch für die Sachaufnahme soll das »Oberlicht« Zeichnung in eine sonst nur wenig beleuchtete Fläche bringen. Je nach Stellung zum Objekt kann man die Wiedergabe der Oberfläche durch eine Betonung des Materials oder seiner Struktur deutlich verbessern. Durch ein streifendes Gegenlicht kann man die dunkelste Oberfläche noch überzeugend wiedergeben.

Führungslicht halb frontal

Aufhellung von rechts (zu stark)

Führungslicht streifend

Führungslicht von links und Spiegelaufhellung

Alle Aufnahmen in diesem Beispiel wurden ohne zusätzliche Aufhellung gemacht. Von oben: Mit nur einer Leuchte lässt sich ein Führungslicht setzen, das in diesem Fall nicht unbedingt von links oben kommen muss. Mitte: Mit je einer Leuchte links und rechts lässt sich ein ausgeglichenes Licht auf das Objekt setzen. Regelbare Leuchten erlauben es, die optimale Position für das Führungslicht von links nach rechts zu verlagern. Unten: Die dritte Leuchte sorgt zumindest partiell für einen Lichtstreifen im Hintergrund. Während sich im Vordergrund weiches Licht empfiehlt, kann der Hintergrund ohne Diffusor angestrahlt werden.

Mit drei Standard-Positionen des Lichts lassen sich viele Varianten der Beleuchtung finden. Stets ist es wichtig, alle sichtbaren Seiten eines Objekts in ein ausreichendes Licht zu tauchen. Hat man es mit Sachaufnahmen zu tun, die eine »sachliche« und optimale Darstellung eines Objekts bieten soll, so muss man für ausgeglichenes Licht sorgen. Will man effektvolles Licht nutzen, so genügt es meist, die drei Leuchten in ihrer Stärke entsprechend zu variieren.

Die Repro-Beleuchtung

Einen großen Unterschied kann man herausfinden, wenn es einerseits um die Ausleuchtung eines dreidimensionalen Objektes, andererseits um die gleichmäßige Ausleuchtung eines planen Objektes geht. Aufgaben der Reproduktion von Bildern, Buchseiten oder Briefmarken fordern besonders gleichmäßiges Licht.

Eine professionelle Repro-Beleuchtung setzt ein Repro-Stativ voraus, dessen wichtigste Aufgabe die fachgerechte Ausrichtung der Kamera und eine flexible Abstandsänderung zum aufzunehmenden Objekt ist. Aber auch die fachgerechte Befestigung der Repro-Leuchten gehört zum funktionssicheren Repro-Aufbau.

Die wichtigsten Merkmale der Repro-Beleuchtung:

- ✘ Zwei identische Leuchten
- ✘ Identischer Abstand zum Grundbrett
- ✘ Identischer Winkel zum Grundbrett

Der Grund für diesen Aufbau ist, dass die jeweils gegenüberliegende Leuchte den durch die Entfernung bedingten Lichtabfall der jeweils anderen Leuchte auszugleichen hat. Bei einem Winkel von 45° zum Grundbrett und präziser Einhaltung der genannten weiteren Voraussetzungen wird das Ziel erreicht, ein plane Vorlage völlig gleichmäßig und schattenlos zu beleuchten.

Prinzip der Repro-Beleuchtung. Wichtig ist gleiche Leistung, gleicher Abstand und gleicher Winkel zum Grundbrett.

Oben: Lichtabfall durch Licht von nur einer Seite der Repro-Anlage. Unten die richtige Technik mit zwei Leuchten von links und rechts.

Repro-Stative aus Grundbrett, Säule und Beleuchtung erlauben zügiges arbeiten mit einem senkrecht orientierten Gerät. Das Prinzip lässt sich aber auch für größere Vorlagen in die Waagerechte umsetzen. Das Prinzip der schattenlosen Beleuchtung mit je einer Leuchte links und rechts lässt sich zudem auch auf dreidimensionale Objekte anwenden.

Beleuchtungs-Finessen

Alle bisher geschilderten Grundlagen zur Beleuchtung gehen von einer direkten Beleuchtung aus. Varianten ergeben sich aus der Variation der Leuchtstärke, die man entweder direkt an der Lichtquelle regelt oder durch Abstandsänderung erreicht. Hartes oder weiches Licht zu nutzen bedeutet, durch unterschiedliche Reflektoren oder auch durch Diffusor-Folien das Licht zu beeinflussen.

Die Finessen der Ausleuchtung beginnen mit kleinen Aufhellern aus unterschiedlichen Materialien, mit denen man Beleuchtungs-Schwächen im Motiv ausgleicht. Weiße Reflektor-Flächen, silberfarbene oder goldfarbene Flächen sind ebenso geeignet, wie kleine Spiegelstücke. Man platziert sie außerhalb des Objektes und variiert den Einfluss durch Abstand und Winkel. Stets ist es nötig, den Erfolg der Maßnahme durch den Sucher beziehungsweise auf dem TFT-Monitor der Kamera zu prüfen.

Tipp:

Aufheller-Sammlung

Der beste Aufheller sollte von neutraler »Farbe« sein, da er sonst partielle Farbstiche verursacht. Neben Papier und Pappe in Weiß sind kleine Spiegel hervorragend geeignet. Ebnenso sind kleine »Rasierspiegel« nützlich. Ihre optische Wirkung, die einer Lupe ähnelt, sorgt für eine Lichtbündelung, die für eine optimale, gezielte partielle Aufhellung genutzt werden kann.

Glanz und Spiegelung

Alle Beleuchtungs-Varianten haben bis hier nur das Objekt als Ganzes berücksichtigt, nicht aber dessen Oberfläche. Eher stumpfe Oberflächen sollten kein Problem bedeuten. Schwieriger wird es, wenn Hochglanz, metallischer Glanz oder Glas für Reflexe und Spiegelungen sorgt. Noch schwieriger wird die Lösung, wenn diese Materialien sich in gebogenen Oberflächen zeigen.

Wenn alle Mittel versagen, dann bietet sich der Einsatz eines Lichtzeltes an. Aus Sicht der Beleuchtung ist das Lichtzelt ein Diffusor, der das Objekt völlig umschließt. Mit normalen Leuchten lässt sich im Lichtzelt ein sehr weiches Licht erzeugen, mit dem Spiegelungen beherrschbar werden. Ein Diffusor direkt vor der Leuchte verstärkt die Wirkung eines Lichtzeltes.

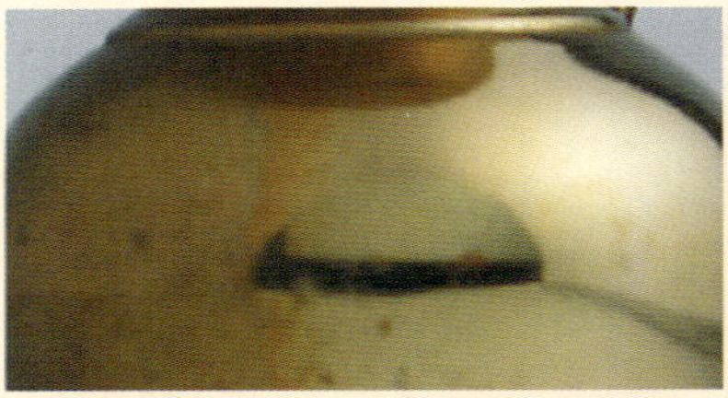

Oben: Nur zum Teil auf Hochglanz gebracht wurde die Kanne, um zu zeigen, wie das Metall spiegelt. Unten: Glanz im Boden durch »gebürstete« Metalloberfläche.

Glanz und Spiegelung sind in diesem Objekt in praktisch allen Varianten enthalten. Harte Ausleuchtung sorgt für einen scharf begrenzten Schatten. Im »Bauch« der Kanne spiegelt sich die Leuchte, aber auch der Boden und Teile von Kamera und Stativ. Stumpfe Anteile des Metalls dämpfen die Spiegelung und zeigen einen stumpfen Glanz. Da für diese Aufnahme eine Weitwinkelbrennweite (ca. 28 mm) eingesetzt und die Kanne am Rand platziert wurde, wird der Fuß der perspektivischen Verzeichnung entsprechend verzerrt abgebildet.

Der Aufbau im Studio

Die zu fotografierenden Objekte sind das Maß aller Dinge, wenn man an den Platzbedarf für Sachaufnahmen denkt. Stets muss man genug Raum vor, neben und hinter den Objekten vorsehen. Die Kamera findet ihren Platz am besten auf einem Stativ. Wer in Senkrechten und Waagerechten denkt und plant, der hat immer eindeutige Verhältnisse wenn es gilt, vom Objekt bis zur Kamera für die beste Ausrichtung zueinander zu sorgen.

Boden und Hintergrund sollten einheitlich und frei von Störungen sein. Mit einem einfachen Fotokarton kann man diese Bedingungen bereits erfüllen. Ausreichend groß bemessen wird ein Teil des Kartons auf einem Tisch befestigt. Eine Senkrechte im Hintergrund wird benutzt, um den Karton durchzubiegen. Im Übergangsbereich von der Waagerechten zur Senkrechten sorgt man für eine sanfte Durchbiegung, wie sie es selbst im großen Studio unter der Bezeichnung »Hohlkehle« gibt. Aufgabe der Hohlkehle ist es, für den nahtlosen Übergang zu sorgen, in dem auch das Licht »nahtlos« übergeht. Diese Grundlage ist unabhängig von der Objektdimension zu sehen. Für kleine Objekte genügt ein Karton der DIN A4 Größe, größere Objekte fordern entsprechend größere Hintergrund-Formate.

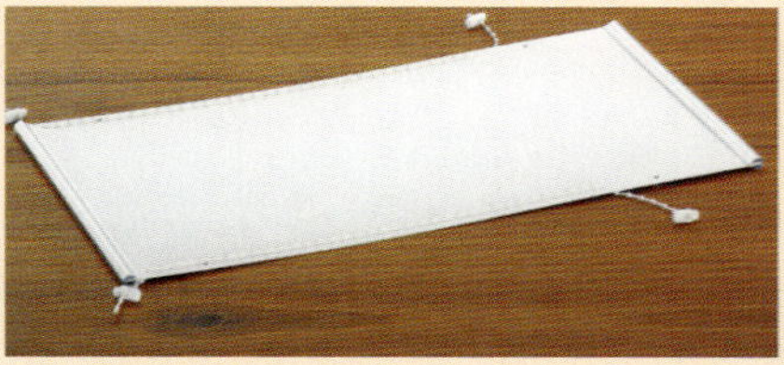

Novoflex MagicStudio: Eine plane Kunststoff-Platte (oben) wird zum Aufnahmetisch, der transportabel und überall leicht aufzubauen ist.

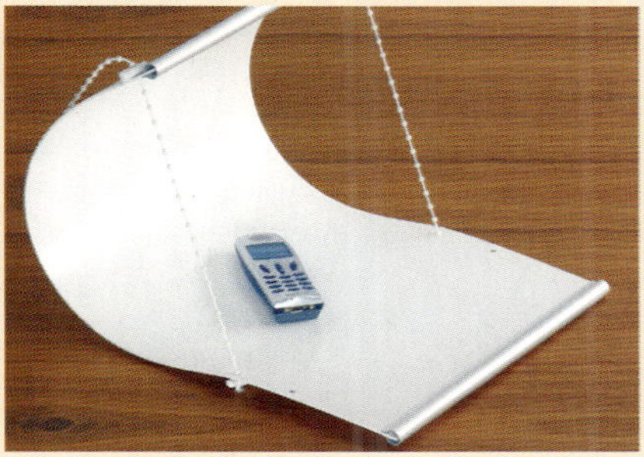

Die nächste Stufe des Komforts findet sich in kommerziellen Lösungen eines »Aufnahmetisches« wie das Novoflex MagicStudio. Eine stark biegsame Kunststoff-Platte, die es ab dem Format 30 x 60 cm in verschiedenen Größen bis zum maximalen Format von 80 x 120 cm gibt. Bohrungen und zwei Ketten dienen dazu, die Platte im Sinne einer Hohlkehle zu biegen. Ein undurchsichtiges weißes Material mit matter Oberfläche ist für die meisten Aufnahmen geeignet. Ein durchscheinendes Material erlaubt Beleuchtungsvarianten bis zum »Lichttunnel«, den man weitgehend mit dem Prinzip des Lichtzeltes vergleichen kann. Das MagicStudio kann man auch mit anderen Hintergrund-Materialien auskleiden, wenn eine andere Hintergrundfarbe gewünscht ist.

Zum System gehört noch eine Reihe an Zubehörteilen, wie Klemmen, mit denen die Kunststoff-Platte auf einem Tisch zu fixieren ist oder auch ein flexibler Schwanen-

Tipp:

Zwingen vom Baumarkt

Einfache »Zwingen« aus dem Baumarkt sind nützliches Werkzeug für das kleine Studio. Von »Wolfcraft« gibt es jetzt praktische Miniaturausgaben, die wie eine Klammer wirken. Durch unterschiedliche Größen von wenigen Zentimetern bis zu Handteller-Größe lassen sich viele Aufgaben bewältigen, ohne zu Hammer, Nagel oder Klebeband greifen zu müssen.

So klein – und schon ein »Studio«?

Nicht nur zum Vergnügen wurde hier das wohl kleinste Studio der Welt aufgebaut. Drei Teelichte (Kerzen) übernehmen die Rollen von Führungslicht, Aufheller und Hintergrundbeleuchtung. Nur mit dem Kopflicht wird es schwierig, ein Spiegel ersetzt es zum Teil. Links im Kunstlicht-Original, rechts auf Tageslicht neutralisiert (Weißabgleich auf (Kunstlicht).

hals, der als Stativersatz auf kleinstem Raum die Kamera trägt. Die gleiche Flexibilität gilt für einfache Leuchten, von denen zwei für die meisten Aufnahmen reichen sollten. Der Leuchtentyp ist mit Leuchtstoff-Leuchtmitteln ausgerüstet. Mit 11 Watt pro Leuchte ist der Verbrauch gering bei minimaler Wärmeentwicklung.

Flexibilität, die vor allem dem Einsatz unterwegs dienlich ist, steht bei den bisherigen Vorschlägen im Hintergrund. Das MagicStudio wird noch vielseitiger, wenn man als Aufnahmetisch eine Aluminium-Konstruktion verwendet, die als stabiler Tisch unter der Aufnahmeplatte gedacht ist.

Aufnahmetische mit einer Breite und Tiefe von einem Meter und mehr folgen den gleichen Konstruktions-Prinzipien. Mit ihnen werden Dimensionen erreicht, die eher für den stationären Einsatz gedacht sind. In praktisch allen Fällen darf man nicht übersehen, dass die biegsamen Kunststoff-Platten mit ungefähr 2 bis 4 mm Stärke nicht jedem Gewicht standhalten. Man kann sie jedoch notfalls mit einer stabilen Holzplatte unterstützen.

Jede größere Objekt-Dimension spricht dafür, die Aufnahmen in einem professionellen Studio durchzuführen. Bei gleichem Konstruktions-Prinzip sind hier allen Maßen nur die Grenzen des Studio-Raumes gesetzt. Die digitale Fototechnik kommt vor allem jedem entgegen, für den sich der Gang in ein Studio für nur wenige Objekte nicht lohnt. Wer hier vor Ort für klare Konturen der Objekte, eine ausreichend gute

Ausleuchtung auf den Objekten und ein halbwegs aufgeräumtes Umfeld sorgt, der kann mittels der EBV für einen studiomäßigen Hintergrund sorgen. Das gilt selbst für große Kraftfahrzeuge, die man vor einer einheitlichen Wand unter Verzicht auf direktes Sonnenlicht aufnehmen kann. Lediglich auf Spiegelungen ist in diesen Fällen zu achten.

Die leuchtende Fläche

Auf »Sparflamme« darf der Fotograf arbeiten, der nur kleine und kleinste Objekte in seinem Studio aufzunehmen hat. Mit einer Flächenleuchte von Novoflex. Sie hat lediglich 11 Watt auf ihrem Typenschild verzeichnet und ähnelt den Hintergrundbeleuchtungen bei TFT-Monitoren. Klein im Format, aber so ideal im Licht wie eine Lichtwanne.

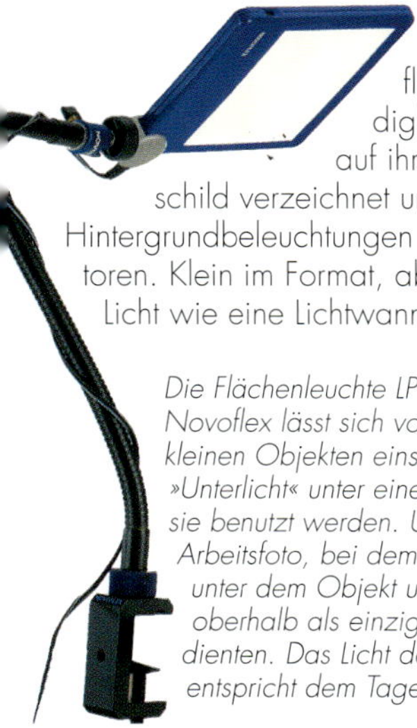

Die Flächenleuchte LP-100 von Novoflex lässt sich vorteilhaft bei kleinen Objekten einsetzen. Auch als »Unterlicht« unter einem Objekt kann sie benutzt werden. Unten ein Arbeitsfoto, bei dem die LP-100 unter dem Objekt und ein Spiegel oberhalb als einzige Beleuchtung dienten. Das Licht der LP-100 entspricht dem Tageslicht.

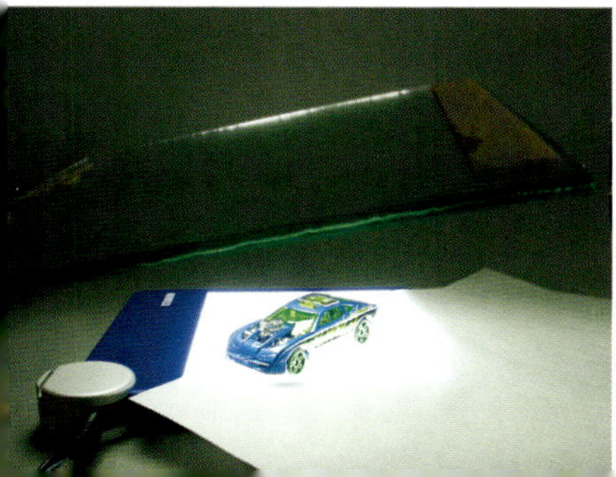

Die leuchtende Fläche kann einzeln oder an einem Schwanenhals, biegsam und recht gut auszurichten, benutzt werden. Sie ist auch als leuchtender Untergrund, als Unterlicht zu benutzen, wie es manche Aufnahmetische zulassen. Dabei kann man verschiedene Mittel benutzen, um Überstrahlungen an glänzenden Flächen zu vermeiden. In den Beispielen wurde ganz dünnes Durchschlagpapier benutzt, um eine Überbelichtung der Seite im Bereich von mehr als einer Blendenstufe auf die gewünschte Stärke zu bringen. Für das Oberlicht genügte ein Spiegel, obwohl eine zweite Flächenleuchte hier ebenso gute Dienste verrichtet hätte.

Von oben: Unterlicht überstrahlt. Das Licht wird im zweiten Bild für die rechte Wagenseite durch dünnes Papier gedämpft. Rechts unten: Beschnitt ohne Nachbearbeitung von Hintergrund und Boden. Nächste Seite: Per EBV wurde der Hintergrund gegen Helligkeitsverläufe ausgetauscht.

Aufnahmepraxis – Fallbeispiele

Nichts ist einleuchtender als das praktische Beispiel. In diesem Kapitel steht deshalb nicht die aufschlussreiche aber graue Theorie im Vordergrund. Recht wenige Grundlagen von Perspektive und Ausleuchtung werden praxisnah variiert, um ein Produkt optimal abzubilden.

Eine einfache Standard-Ausleuchtung

Mit einer einfachen Standard-Beleuchtung lassen sich bereits viele Aufgaben lösen beziehungsweise gut vorbereiten. Eine Leuchte und dazu ein Aufheller sollen für die Grundbeleuchtung genügen, die zudem nur wenig ausgeprägten Schatten zeigt. Licht in die schattigen Partien wird mit einem Aufheller gezaubert, bei dem man gleich einmal probieren kann, wie verschiedene Aufheller-Oberflächen in einem Studio-Aufbau wirken.

Studio-Aufbau ist ein weiteres wichtiges Stichwort, denn bevor man sich an größeres wagt, kann man getrost an kleinen Dingen seine fotografischen Fähigkeiten stählen. Ein kleines Objekt und ein angemessen kleiner Platz genügt dafür.

Sorgen Sie an erster Stelle für eine »Unterlage«, die nach dem Prinzip der Hohlkehle geformt werden kann. Diese vereinfacht es, mit einer Leuchte auch noch etwas Licht für den Hintergrund zu haben, ohne dass dieser in der EBV später nachhaltig ausgebessert werden muss. Mit einem Fotokarton von 21 x 30 cm (DIN A4) oder dem doppelt so großen DIN A3 Fotokarton kann man den Anfang machen. Wer die Improvisation in Grenzen halten will, der kann sich eine stabile Unterlage, einen »Mini-Aufnahmetisch« basteln. Keine falsche Scham – jeder Profi beherrscht eine ganze Reihe solcher Handgriffe und Ham-

Bastel-Tipp:

Mini-Aufnahmetisch

Zwei im rechten Winkel zusammengeschraubte Holzplatten kann man als einfachsten Aufnahmetisch benutzen. Fotokarton als Hintergrund und Stellfläche lässt sich mit Klebeband befestigen. Die Rundung der Hohlkehle entsteht dabei fast ganz von selbst.

Eine kleine Blitz-Lichtwanne von links und ein Aufhellspiegel von rechts sind für diese Aufnahme die einzige Beleuchtung. Dank Einstelllicht lässt sich der Aufbau auch unter Kunstlicht-Weißabgleich nutzen.

mer, Säge und Malerpinsel sind unverzichtbares Profi-Werkzeug. Mit Klebeband befestigt, ist der Hintergrund in jedem Fall schnell austauschbar.

Der einfache Standard-Aufbau erleichtert den Einstieg in die Produktfotografie mit kleinen Objekten und ist ganz nebenbei auch Maß aller größeren Dinge. Die Einschränkung auf eine Leuchte und einen Aufheller ist in jedem Fall aufwändig genug, um Objekte ohne spiegelnde oder glänzende Oberflächen zu fotografieren.

Ein »symmetrisches« Objekt

Um Erfahrungen mit der Sachfotografie zu sammeln, lohnt es sich, an einfachen Objekten zu üben. Einfache Formen trainieren den Blick für die Praxis, in der diese Formen einem immer wieder begegnen.

Die Aufgabe
Ein Objekt in Würfelform aufnehmen.

Die Lösung
Platzieren Sie den Würfel mit einer Kante nach vorn weisend. Jede Abweichung von dieser »Mittellinie« würde den Würfel ungleichmäßig aussehen lassen. Die Kamera sollte aus einer Obersicht auf den Würfel herabblicken, um eine dritte Seite zu zeigen und damit den Tiefeneindruck vom Würfelkörper zu unterstützen. Bei der Einstellung des Bildausschnitts sollte man soviel wie nur möglich vom Aufnahmeformat ausnutzen, vor allem bei Kameras mit geringer Auflösung. Eben so wichtig ist jedoch die Schärfentiefe. Abhängig von der Größe des Objekts kann es nötig werden, aus größerer Distanz mit längerer Brennweite zu fotografieren.

Eine ungleichmäßige Ausrichtung zerstört den Eindruck einer Würfelform.

Eine Kugel bleibt rund – egal wie man sie dreht (Ausnahme: Fachkamera, mit der man auch eine Kugel verzerren kann).

Die Leuchte wird links neben dem Würfel aufgestellt und strahlt Oberseite und linke Seite an. Mit einem »Dauerbrenner« kann man die Wirkung der Beleuchtung aus Sicht der Kamera gut unter Kontrolle bringen. Hilfreich ist dabei der elektronische Sucher der Kamera beziehungsweise der Sucher-Monitor auf der Kamera-Rückseite. Auch wenn jetzt mit einem Aufheller von rechts der Schatten aus der einseitigen Beleuchtung teilweise aufgehellt wird. Wenigstens im Anfang lohnt es sich, verschiedene Distanzen von Beleuchtung und Aufheller zum Objekt aufzunehmen und in der EBV zu prüfen. Oft werden Details sichtbar, auch Beleuchtungsdetails, die man auf den eher kleinen elektronischen Suchersystemen nicht erkennt.

Der Einfluss von Unter- und Überbelichtung auf die Helligkeit und Farbintensität.

Beeinflussung bis zu partiellen Farbfehlern durch das Hintergrund-Material.

Für die Belichtung kann man sich ebenfalls Erfahrungswerte erarbeiten. Der Einfluss von Blende und Belichtungszeit ist ebenso wichtig, wie die Erfahrung im Umgang mit der Schärfentiefe. Die hellste Seite nahe der Leuchte darf nicht überbelichtet sein, die dunkle Seite im Schatten muss ebenfalls noch Zeichnung aufweisen. Belichtungsmesser können irren, was meistens daran liegt, dass der Fotograf an den falschen Stellen des Objekts misst. Nicht nur die Helligkeit eines Objekts kann falsch dargestellt werden, auch die Farbintensität kann unterschiedlich wirken.

Korrektur in der Kamera

Manche Digital-Kameras erlauben die getrennte Beeinflussung von Kontrast und Farbintensität (Farbsättigung). Auch eine Belichtungskorrektur kann hilfreich sein. Mit ihr weist man die Kamera an, Aufnahmen prinzipiell um einen bestimmten Betrag heller oder dunkler als gemessen zu belichten. Die Variationsbreite liegt in der Regel zwischen ± 2 Blenden.

Prüfen Sie den Weißabgleich der Kamera. Je nach Beleuchtung, Kunstlicht oder Tageslicht, könnte es zu Farbfehlern über das ganze Bild kommen. Auch partielle Fehler sind möglich, wenn man beide »Lichtsorten« mischt (Mischlicht). Auch Reflexion aus der Umgebung, z.B. vom Fotokarton, könnte eine Schuld am Fehler tragen.

Tipp:

Belichtungs-Korrektur

Eine Belichtungskorrektur sorgt für generell knappe oder stärkere Belichtung. Eine Spot-Messung kann als Alternative dienen. Man misst ein gewünschtes Detail im Objekt an und speichert den Messwert mittels AE-Lock.

Kontrast

Bietet die Kamera eine Kontrast-Beeinflussung, so sollte man eher weiche Bilder bevorzugen. In der EBV kann immer ein Ausgleich zu kontrastreicheren Bildern geschaffen werden. Der umgekehrte Weg ist so gut wie ausgeschlossen. Im übrigen schafft man die optimalen Bedingungen durch entsprechende Beleuchtung.

Farbsättigung

Auch die Farbsättigung lässt sich bei vielen Kameras global beeinflussen. Vorsichtig dosiert kann man sie einsetzen, wenn fotografische Mittel wie knappe Belichtung oder ein Polarisationsfilter nicht mehr reichen. Die Farbsättigung ist nach der Aufnahme auch per EBV beeinflussbar.

Ein »asymmetrisches« Objekt

Mit dem Würfel aus dem vorhergehenden Beispiel lag eine Aufgabe vor, die ohne besondere perspektivische Verfälschung zu lösen war. Mit der nächsten Problemstellung kommt eine andere Form der Dreidimensionalität zur Sprache.

Die Aufgabe
Ein Objekt in Quaderform aufnehmen.

Die Lösung
Platzieren Sie das Objekt mit einer nach vorn weisenden Kante. Drei Flächen sollten sichtbar sein, damit der räumliche Eindruck vom Objekt-Körper deutlich wird. Eine Seite des Objekts ist länger. Durch eine unterschiedlich »steile« Anordnung in der Tiefe lässt sich die Wirkung der langen Seite verändern. Zugleich muss jedoch besonders auf die Schärfentiefe geachtet werden. Das gesamte Objekt sollte von vorn bis hinten scharf abgebildet sein.

Das im Tipp genannte Prinzip kann als Hilfe herangezogen werden, wenn es darum geht, experimentell die Wirkung durch veränderte Position zu erfahren oder besonders lange Objekte zu fotografieren. Für einen ersten Versuch kann man eine Brennweite nahe des Standard-Objektivs von 50 mm einsetzen. Versuchen Sie, das Objekt so formatfüllend es geht aufzunehmen. Verändern Sie die Position des Objekts zur gedachten Bildchip-Ebene. Eine Verkürzung des linken Winkels wirkt sich auf die Bildbreite aus, die nun schmaler wird. Zugleich ragt das Objekt stärker in die Tiefe und verlangt eine größere Schärfentiefe, vor allem wenn man mit der Kamera näher an das Objekt rückt. Im Gegensatz dazu wird der Bildausschnitt breiter, wenn man den Winkel rechts vom Objekt verkürzt. Der Aufbau wird flacher und man kommt mit weniger Schärfentiefe aus. Optimal bleibt jedoch die vorgeschlagene Platzierung.

Da bei der digitalen Kamera keine Verstellmöglichkeiten wie bei der Fachkamera (Studio-Kamera, Großbildkamera) vorhanden sein können, lohnt sich die Auswei-

Tipp:

Objekt optimal platzieren

Ein Blick von oben auf das zu platzierende Objekt kann hilfreich sein, um die optimale Position des Objekts zur Kamera zu finden. Denken Sie sich eine zum Bildchip parallele Linie. Links und rechts vom Objekt ergibt sich bei richtigem Aufbau ein freier Platz mit einem Winkel von 45°. In dieser Position herrscht eine gewisse Gleichberechtigung zwischen den kurzen und langen Seiten des Objekts.

Die optimale Position (oben links) im Vergleich mit Veränderungen der Position, die zur Überbetonung der linken oder der rechten Seite des Objekts führen.

Scheiben sind nur in Draufsicht symmetrisch, in der Schräge werden sie oval.

Das Weitwinkel betont die Tiefe eines Objekts, das Tele lässt es gedrungen erscheinen. Links: Ein Objekt im flachen Winkel zur Kamera (oben) nutzt die Schärfentiefe besser.

tung dieses »dreiteiligen« fotografischen Experiments auf unterschiedliche Brennweiten. Sie sollen in Kürze hier mit den wichtigsten Wirkungen angeführt werden. Als Vergleich dienen die bereits fertigen Aufnahmen mit der Standard-Brennweite.

Der Einsatz einer Weitwinkel-Brennweite erlaubt in der Grundstellung, näher an das Objekt heran zu gehen. Dem Objektiv nahe Teile des Objekts werden dadurch überproportional groß scheinen. Die perspektivische Verjüngung in der Tiefe wird vor allem bei der langen Seite des Objekts übertrieben stark. Das Objekt wirkt länger als es tatsächlich ist. Nähert man sich nicht dem Objekt mit dem Weitwinkel, so profitiert man von der umfangreichen Schärfentiefe. In Wirklichkeit lange Objekte können

Mit Aufnahmen von Details eines Objektes gibt man seinem Angebot wichtige Zusatzinformationen als zusätzlichen Kaufreiz. Die flache Draufsicht wie in diesem Beispiel ist durch meistens völlig ausreichende Schärfentiefe von besonderem Vorteil.

in der Grundposition von vorn bis hinten scharf abgebildet werden. Korrekturen der Bildbreite nimmt man beim Beschneiden des Bildes nach der Aufnahme in der EBV vor. Eine Verkürzung des Winkels rechts neben dem Objekt betont die Länge und führt zu einer Art »Panorama-Aufnahme«. Wird der Winkel links neben dem Objekt verkürzt, dann ragt es stärker in die Tiefe. Im Rahmen der Schärfentiefe ergibt sich eine perspektivische Übertreibung.

Eine leichte Teleobjektiv-Brennweite kann es erforderlich machen, den Abstand zwischen Objekt und Kamera zu vergrößern, um das Objekt wieder in voller Breite in seiner Grundposition abbilden zu können. Die Schärfentiefe der Tele-Brennweite ist geringer als bei Standard- und Weitwinkel-Objektiv. Erlaubt die Länge des Objekts, auch mit dem Tele eine von vorn bis hinten scharfe Aufnahme zu machen, dann wirkt durch das Tele die längere Seite unter Umständen »zusammengezogen«. Das Objekt wirkt mit steigender Brennweite immer kompakter und unnatürlicher.

Dreidimensional rund

Keine Regeln ohne Ausnahme, und damit will ich mich einer 3D-Form zuwenden, die nicht so recht in das Schema der 3D-Körper passen will. Von einer Kugel ist die Rede, die etwas mehr Sorgfalt benötigt, um ihre räumliche Tiefe optisch optimal in's Bild zu setzen.

Die Aufgabe
Eine Kugel (Ball) fotografieren.

Die Lösung
Platzieren Sie die Kugel auf dem kleinen Aufnahmetisch. Sollte sie wegrollen, dann kann man sie mit einem Tropfen Klebstoff oder ein wenig Haftpast (Hama) fixieren.

Stellen Sie die Kamera auf möglichst formatfüllende Abbildung ein. Eine Kugel passt in ein Quadrat, und somit wird man immer ein wenig vom Bildformat verschenken beziehungsweise in der EVB später

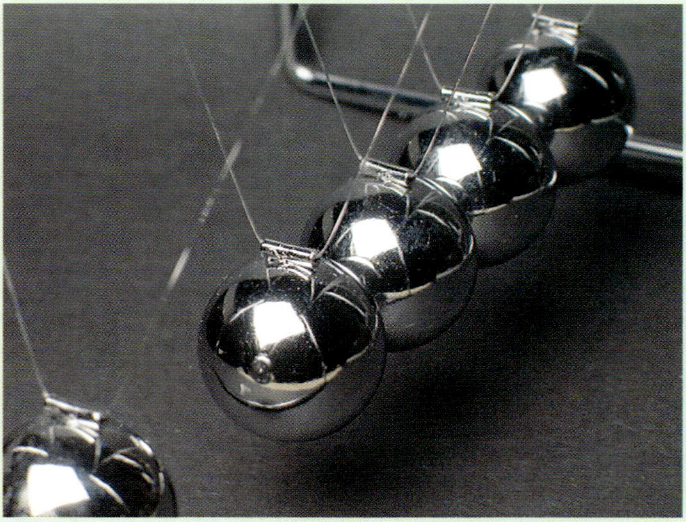

Die Anordnung der Kugeln hintereinander und die schräge Perspektive betont die Kugelformen und lässt sie räumlich wirken. Die Spiegelung in den Chrom-Kugeln unterstützt die räumliche Wirkung.

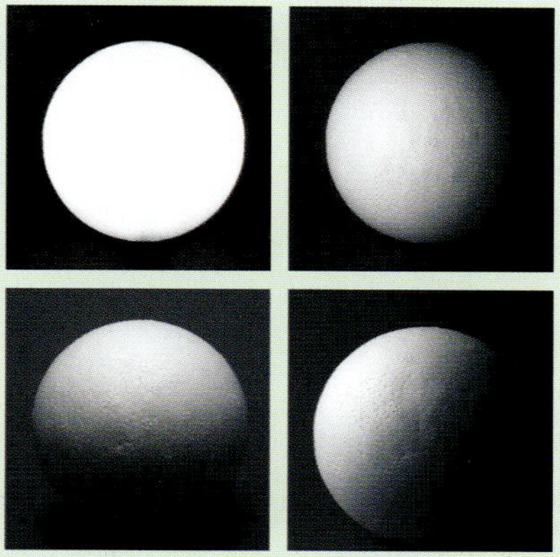

Nur Licht und Schatten entscheiden über die räumliche Wirkung der weißen Kugel.

Licht und Schatten, aber auch Muster und Struktur fördern den räumlichen Eindruck.

beschneiden können. Die Position der Kamera zum Objekt ist nahezu zweitrangig, da es keine klar getrennten drei Seiten wie in den vorherigen Aufgaben gibt.

Der erste Versuch einer optimalen Aufnahme sollte ohne Aufheller stattfinden. In einer Position links oberhalb des Objekts findet man die beste Leuchtenposition. Unter Umständen wird die Leuchte etwas weiter nach vorn gerückt, damit sich im oberen Bereich ein hellerer Lichtfleck in der Rundung der Kugel zeigt. Helle Objekte erfordern knappere Belichtung. Möglicherweise sollte man eine harte Beleuchtung bevorzugen, die für eine bessere Abstufung des Lichts sorgen kann.

Eindeutige räumliche Flächen fehlen der Kugel, obwohl auch sie ein dreidimensionales Objekt ist. Schatten ersetzen alle Informationen, die das Auge an einem solchen Objekt nicht erkennt. Eine Kameraposition leicht von oben ist damit angebracht, um den Schatten einzubeziehen, der auf die Stellfläche fällt. Der Verzicht auf Aufhellung sorgt dafür, dass auf der dem Licht abgewendeten Seite die Kugel etwas abgedunkelt erscheint. Helles Spitzlicht, eine mittlere Grundhelligkeit und dazu Abschattung auf dem Objekt und Projektionsschatten auf der Stellfläche sorgen für eine plastische Wirkung.

Mit Ausnahme eines Schlagschatten gibt es kein Mittel, aus einer anderen Perspektive der Kugel einen besseren Eindruck von räumlicher Tiefe zu verleihen. Aus jeder Sicht ist die Kugel ohne Umgebung nur ein Kreis, eine Kreisfläche, die vor allem bei Überbelichtung keine räumliche Tiefe zeigt. Gruppiert man mehrere Kugeln im Bild, so fügt man dem Bild eine räumliche Tiefe zu, die jedoch nicht aus dem einzelnen Objekt herrührt. Produktfotos mit einem kugelförmigen Haupt-Objekt kann man mit einem weiteren Objekt »schmücken« um eine unauffällige Unterstützung der Perspektive zu erhalten.

Tipp:

Oberfläche nutzen

Die Struktur einer Oberfläche kann zur wichtigen Aussage über räumliche Tiefe werden. Auch bei einem kugelförmigen Objekt. Holzmaserung oder eine Bemalung unterstreichen die Form. In glänzenden Objekten sind es kleine Lichtreflexe, die das Objekt plastisch erscheinen lassen.

Gezeichnetes Beleuchtungsschema mit Lichtreflex (oben) und gegenüberliegendem Schatten. Hartes Licht bewirkt scharfe Kanten, weiches Licht löst Reflex und Schatten auf. Je nach Lampenposition verlaufen Licht und Schatten entsprechend der Kugelform.

Die Variationen der Beleuchtung einer Kugel reichen vom harten Licht über eine Lichtwanne bis zum Lichtzelt. Hartes Licht erzeugt einen Lichtpunkt auf der Kugel sowie einen scharf begrenzten Schatten. Die Form der Leuchte beziehungsweise die Form der Lichtaustrittsöffnung der Leuchte kann sich in glänzenden Kugeloberflächen »spiegeln«. Rechteckige Leuchten bilden sich als kissenförmig verzeichnete Rechtecke ab. Je größer die Lichtaustrittsöffnung und je näher die Leuchte sich zur Kugel befindet, desto größer wird diese Abbildung der Leuchte. Hartes Licht beziehungsweise nur wenig durch einen Diffusor

Auf einem planen Spiegel, dessen Oberfläche verspiegelt ist, lassen sich die Glasmurmeln mit wenig »Haftknete« (Haftpast von Hama) mühelos befestigen. Die Anordnung bringt einen Eindruck von Tiefe in das Bild. Die erhöhte Kameraposition reduziert den Bedarf an Schärfentiefe und führt zu einer gleichmäßigen Bildqualität.

Im leicht gewölbten »Rasierspiegel« finden die Glasmurmeln ganz von selbst ihren zur Mitte orientierten Platz. Nur mit einem Oberlicht beleuchtet stellen sich die an der Kugel üblichen Reflexe ein und der Spiegel reflektiert. Im streifenden Gegenlicht aus erhöhter Position wird die Spiegelung ausgelöscht (unten).

weicher gestaltetes Licht eignet sich vor allem für einheitlich gefärbte Kugeln ohne Struktur oder Zeichnung, da dieses Licht durch Reflex und Schatten die räumliche Wirkung optimal unterstützt.

Die diffuse Beleuchtung, die unübertrefflich in einem Lichtzelt herrscht, führt leicht zu flauen Abbildungen. Sie ist vor allem bei einheitlich gefärbten Kugeln nichtz zu empfehlen. Strukturierte oder mit einer »Zeichnung« versehene Kugeln lassen sich gut im »weichsten möglichen Licht« eines Lichtzeltes aufnehmen. Arbeitet man mit zwei oder drei Leuchten, die rings um das Lichtzelt verteilt sind, dann kann man in sehr geringen Grenzen Akzente von Licht und Schatten setzen, indem man die Leuchten weiter weg vom Lichtzelt anordnet und höchstens eine Leuchte sehr nahe an das Lichtzelt heranbringt. Der Einfluss kann sehr gering gehalten werden und ist trotzdem für ein besseres Ergebnis bedeutungsvoll.

Hartes Licht, weiches Licht

Drei räumliche Objekte haben Sie nun im Fundus aus den ersten Versuchen auf dem kleinen Studio-Aufnahmetisch. Stellen Sie diese zu einer Gruppe, zu einem kleinen »Stillleben« zusammen, um die Wirkung von harter oder weicher Beleuchtung zu testen. Objekte, die unbedingt zusammengehören, können in der Praxis durch Schatten gestört werden.

Die Aufgabe

Eine Gruppe von Objekten fotografieren, die störende Schatten werfen.

Die Lösung

Machen Sie von relativ eng beieinander stehenden Objekten mit der bisher benutzten harten Beleuchtung ein Bild. Das Beispiel soll den Vergleich mit den folgenden Lösungen weicher Beleuchtung erlauben.

Die einfachste Lösung, aus einer harten Beleuchtung weiches Licht zu beziehen, ist das indirekte Licht. Lenken Sie das Licht der Beleuchtung gegen die Decke oder eine reflektierende Fläche. Auf Sicherheitsabstand zwischen Leuchte und reflektierender Fläche muss man nur bei Hitze abstrahlenden Leuchten achten.

Setzen Sie eine für weiches Licht spezialisierte Leuchte, zum Beispiel eine kleine Lichtwanne, ein. Lösungen bieten Hersteller wie Hama. Blitz mit Einstelllicht und eine zerlegbare Softbox mit einer Frontfläche von 30 x 30 cm sind für das kleinste Produkt-Shot Studio ideal.

Ein erster Versuch mit der Softbox sollte mit der Aufstellung zur frontalen Beleuchtung beginnen. Die Leuchte wird dazu auf einem Leuchtenstativ nahe der Kamera aufgestellt und aus einer erhöhten Position auf den Studio-Aufbau gerichtet. Hält man für die Leuchte ungefähr einen Winkel von 45° ein, so bekommt man ein Licht, das voll einer korrekt angewendeten indirekten Beleuchtung entspricht und zudem durch

Links: Hartes Licht erzeugt eine Leuchte die ohne jeden Diffusor direkt auf das Objekt gerichtet wird. Die Schlagschatten im Bild lassen einen Rückschluss auf die Leuchtenposition zu. Schatten erscheinen dunkel und Lichter neigen zur Überstrahlung.

Rechts: Indirektes Licht aus einer nach oben oder gegen eine Reflektorfläche gerichteten Leuchte ist erheblich weicher. Die Intensität der Schatten ist erheblich geringer und die Überstrahlung von Lichtern ist ebenso gemildert.

direkte Einstrahlung und geringere Distanz zum Objekt mehr Licht verfügbar macht.

Bleiben Sie mit der kleinen Lichtwanne ohne seitliche Abweichung auf einer Linie, die sich mit der Aufnahmeachse deckt und die Leuchte über das Objekt führt. Das kann man bis zu einer Position fortsetzen, die fast einem Gegenlicht entspricht. Streifendes Licht aus dieser Position hinter dem Objekt soll verdeutlichen, wie die Oberfläche der Objekt-Oberseite durch das Licht verändert wird. Selbst sehr dunkle Oberflächen erhalten auf diese Weise eine besonders schöne Zeichnung. Je weiter die Leuchte hinter das Objekt kommt, umso stärker können Schatten vor dem Objekt sichtbar werden. Ein Fall für den passiven Aufheller, der unter diesen Voraussetzungen allerdings durch das diffuse Licht erheblich weniger reflektieren kann. Im schlechtesten Fall kann es nötig werden, für die Aufhellung eine zweite Leuchte einzusetzen. Diese kann mit reduzierter Intensität auf das Objekt wirken, um die schöne Ausleuchtung beizubehalten.

Licht aus einer kleinen Lichtwanne bringt selbst aus fast frontaler Leuchtenposition optimale Ergebnisse. Die Leuchte muss nahe genug vor dem Objekt stehen, damit es optimal weiches Licht erhält.

Gut: Ausgeglichenes weiches Licht. Unten: Fehler durch direkten Leuchtenreflex.

Gut: Zeichnung durch Aufheller auch in den Schatten. Unten: Überstrahlt, Schatten zu dunkel.

Gut: Weiche Reflexe betonen die Form. Unten: Überstrahlt und störende Reflexe.

Glanz im Lack

Es ist an der Zeit, von »pflegeleichten« stumpfen Oberflächen der Objekte auf den nächsten Schwierigkeitsgrad zu wechseln. Objekte mit lackierter Oberfläche, Objekte aus Glas und metallische Objekte sind für diese Versuche gefordert. Beginnen Sie mit polierten und lackierten Objekten.

Die Aufgabe

Wählen Sie ein oder mehrere Objekte mit lackierten, hochglänzenden Flächen.

Die Lösung

Glänzende Flächen verhalten sich nach den Gesetzen der Reflektion. »Einfallswinkel gleich Ausfallswinkel« lautet der Grundsatz, nach dem man die Position des Lichts zum Objekt grob vorbestimmen kann. An der optimalen Perspektive, dem Blickwinkel auf das Objekt, sollte man festhalten.

Digitale Kameras mit Monitor-Anzeige des Bildes in »Echtzeit« bieten den Vorteil, beim Verschieben der Beleuchtung die Wirkung des Lichts kontrollieren zu können. Dieser Vorteil steht natürlich nur bei Dauerlicht zur Verfügung oder auch bei einem Blitzgerät, das mit einer Einstellleuchte ausgestattet ist.

Eine weiches Licht abstrahlende Leuchte bietet deutliche Verbesserung, die durch Verwendung einer Leuchte mit möglichst großer Lichtabstrahlfläche (Lichtwanne) noch zu verbessern ist. Auch der Abstand der Leuchte zum Objekt wirkt sich auf die »Härte« des Lichts aus. Man kann sich den Reflex im Objekt als Spiegelbild der Leuchte vorstellen. Steht keine Lichtwanne oder ähnlich weiche Lichtquelle zur Verfügung, so kann man zwischen Leuchte und Objekt einen dünnen, weißen Stoff spannen. Eine solche Anordnung bringt zumindest teilweise die Vorteile eines Lichtzeltes.

Die Position einer Lichtwanne kann für diesen Aufbau noch einmal frontal vor den Objekten gewählt werden. Sind die drei Grundformen Würfel, Quader und Kugel,

Info:

Aufnahmeachse

Stellen Sie sich die Aufnahmeachse als eine Linie vor, die durch die Mitte der Objektivlinse führt und im rechten Winkel zum Bildchip steht. Die Aufnahmeachse markiert damit auch den Mittelpunkt des Bildformats. Jedes Objektiv bietet nahe der Aufnahmeachse die beste Abbildung. Zum Rand hin kann die Leistung abnehmen.

Tipp:

Sucherbild-Kontrolle

Alle Veränderungen am Objektaufbau sollte man im Sucherbild kontrollieren, das die Auswirkung exakt durch das Objektiv gesehen darstellt. Jede Position neben der Kamera entspricht nicht dem, was die Kamera sieht und im Bild festhält.

Info:

Reflektion

Einfallswinkel = Ausfallswinkel ist das wichtigste Reflektionsgesetz. Es erklärt, warum es bei zu nahe der Aufnahmeachse aufgestellten Leuchten in glänzenden oder spiegelnden Oberflächen zu hässlichen Lichtreflexen kommt. Eine Veränderung der Leuchtenposition vermeidet den Reflex und lässt ihn am Objektiv vorbeigehen.

Dieser Grundsatz gilt für jede glänzende oder spiegelnde Fläche. Für plane Flächen ist er leicht vorstellbar. Sobald gebogene oder runde Flächen zu betrachten sind, darf man nicht übersehen, dass die Wölbung nach innen oder aussen für weniger einfach nachvollziehbare Reflektion zu sorgen vermag.

im Aufbau enthalten, dann zeigt sich an diesen Flächen, welche Objekte schwierig auszuleuchten sind. Eindeutig sind es die kugelförmigen Objekte. Mit steigendem Glanz spiegeln diese ein gebogenes Abbild der Aufnahmeleuchte. Dieses Verhalten gilt für jede Rundung in einem Objekt. Nicht nur Kugeln, auch bauchige Vasen oder Gefäße mit eher flachen Kurven zeigen den selben Effekt. Abhilfe schafft in jedem Fall ein Leuchtzelt, bei dessen Aufbau jede Dimension oder Ausführung nützlich ist.

Wenig durchgebogene Objekte sind leichter auszuleuchten. Sie zeigen den Reflex relativ groß in der Oberfläche. Stark durchgebogene Objekte zeigen den Reflex verkleinert. Bei ihnen hat man die Chance, die Leuchte in einem Winkel zum Objekt aufzustellen, aus dem der Reflex minimal ausfällt oder sogar seitlich zum Verschwinden gebracht werden kann. Ist der Reflex nicht zu vermeiden, dann sollte man dafür sorgen, dass er nicht zu hell im Bild erscheint und auf keinen Fall zu »ausgefressenen« Spitzlichtern führt.

Auch die Form eines Reflexes kann für die optimale Wirkung einer Sachaufnahme wichtig sein. Sobald er einen »Lichtstreifen« bildet, der die räumliche Form des Objekts unterstreicht, wird aus einem störenden Element ein nützlicher Begleiter.

Für die Veränderung eines Reflexes kann auch ein »Neger« herangezogen werden. Ein dunkler Karton, der nahe der Leuchte den Lichtaustritt eingrenzt, verändert den Reflex in seiner Form. Man muss jedoch darauf achten, dass diese Abschattung des Lichts nicht an anderer Stelle des Objektes für eine unerwünschte Abdunklung sorgt. Im Wechsel von Licht, Abschattung und Aufhellung aus einer der Leuchte gegenüber liegenden Position lässt sich nahezu jedes gewünschte Verhalten der Beleuchtung einrichten. Weiße Reflektoren wirken dabei auf sanfte Weise.

Lack matt

Die mattschwarze Lackierung der Lokomotive lässt sich mit weicher Ausleuchtung hervorragend abbilden. Selbst bei schräger Reflektion (kleines Bild unten) ist der Glanz in der Stirnseite zwar etwas stärker, jedoch nie so stark, dass er überstrahlt.

Vergleichbar der Bildausschnitt eines Waggons, bei dem alle matt lackierten Flächen ähnlich unproblematisch abgebildet werden. Nur die Rundung im Dach, die eine Art Metallic-Lackierung besitzt, zeigt starke und überstrahlte Reflexe.

Guter Beleuchtungskompromiss, der viel Zeichnung zeigt. Der glänzende Lack ist erkennbar, ohne die Muster zu verdecken.

Licht aus der Lichtwanne von oben wurde zu steil eingesetzt. Es entstehen tiefe Schatten und der Kopfbereich ist teilweise überstrahlt.

Matte Lacke machen weniger Mühe bei der Ausleuchtung, obwohl man auch dort sorgfältig auf mögliche Überstrahlung achten muss. Hochglänzende Lackierungen verhalten sich kaum anders als eine glänzende Glasoberfläche. Sie reflektieren im schlimmsten Fall das komplette Licht, unter dem jede Farbe oder Zeichnung verborgen ist. Farbige Gegenstände der Umgebung, auch farbige Aufheller, strahlen in die Oberfläche als Farbstich hinein. Selbst Muster aus einem Objekt können sich in Teilen im Objekt spiegeln, wie dies in den Beispiels-Aufnahmen in der »Kinnpartie« zu erkennen ist.

Hochglänzend lackierte Objekte lassen sich oft mit kleinen Lichtwannen, die weiches Licht verfügbar machen, und einigen aufhellenden Reflexflächen in den Griff bekommen. Im besonders schweren Fall muss man zu einem Lichtzelt greifen, das unübertrefflich weiches Licht von allen Seiten ohne jede Unterbrechung auf ein Objekt lenkt. Verzichtet man auf einen hellen Hintergrundkarton, dann kann man die aus diesem einstrahlenden unerwünschten Reflexe

Unten: Lichtwanne und Aufhellung sorgen für ausgeglichenes Licht und dezente Reflexe. Auch unter vorspringenden Teilen ist genug Zeichnung erkennbar. Rechte Seite: Leichte Überstrahlung durch weißen Hintergrund.

Frontales Licht, das zu harte Lichtreflexe hervorruft, überdeckt große Teile des Musters und erzeugt einen tiefen Hintergrund-Schatten.

von Beginn an unterbinden. Wie das Beispiel vom »Räucherkerzen-Ofen« zeigt, kann der nur schwache, helle Rauch durch seitliches Licht vor dunklem Hintergrund sichtbar gemacht werden.

Auf die Problematik der Ausleuchtung lackierter Objekte trifft man im »großen« Stil bei Möbel-Aufnahmen, bei denen eine Lackierung oder auch die Maserung des Holzes unter der Lackierung optimal sichtbar zu machen ist. Weiches und dennoch intensives Licht ist dann vonnöten.

Rechts: Matter Lack reduziert Reflexe. Seitliches Licht vor dunklem Hintergrund lässt den Räucherkerzen-Rauch sichtbar werden.

Porzellan, Glas und Metall

Gleich drei Problemfälle sollen jetzt auf dem Aufnahmetisch landen, wobei man sich die Übungsphase dadurch erleichtern kann, alle zusammen den Beleuchtungsvariationen auszusetzen und auf jeweils einem Bild den direkten Vergleich vor Augen zu haben.

Porzellan kann eine sanft bis stärker glänzende Oberfläche durch die Glasur haben. Auch für viele Kunststoffe gilt, dass etwas mehr Glanz auf der Oberfläche Probleme mit der Ausleuchtung nach sich ziehen kann.

Glas gehört zu den stark glänzenden Materialien, in denen sich Reflexe bis zur kräftigen Spiegelung zeigen können. Hinzu kommt, dass im durchsichtigen Glas das Licht zwischen Totalreflexion und Auslöschung wirkt. Das sind die superhellen Reflexe und die schwarzen Konturen.

Porzellan und Glas können in bestimmten Grenzen sowohl durch eine aufwändige Beleuchtung als auch durch Polarisationsfilter in den Reflexen beeinflusst werden.

Metallene Objekte können eine Oberfläche von mattem Glanz, aber auch eine spiegelnde Oberfläche besitzen. Zum Teil ist diese Wirkung der Oberfläche wesentlicher Bestandteil eines Metalls, der zu seiner eindeutigen Erkennung beiträgt. Für den Produkt-Fotografen gilt gerade bei Metall-Objekten, soviel Reflexion zu reduzieren, wie es fotografisch sinnvoll ist, jedoch soviel Glanz beizubehalten, wie es das Material fordert. Stumpf wirkende Metalle können gedämpft werden, spiegelnde Metalle wie Chrom, Silber oder Gold müssen je nach Oberflächenbehandlung einen Teil dieser Spiegelung auch in den Sachaufnahmen behalten. Polarisationsfilter versagen ohne bestimmte Vorkehrungen bei metallenen Objekten ihren Dienst vor dem Objektiv der Kamera.

Porzellan und Steingut

Die Glasur von Porzellan sorgt immer für Reflexe, die unter harter Beleuchtung meist hässlich wirken. Weiches Licht ist erforderlich, wobei man auf Lichtreflexe achtet, die der Form eines Objekts folgen. Ein eher schmaler Lichtreflex-Saum betont die Form. Zusammen mit nicht zu tiefen Schatten wird die räumliche Tiefe optisch unterstützt.

Hartes Licht (unten links) verdirbt die Sachaufnahme. Bemaltes Porzellan besitzt zusätzliche optische Information. Bei einfarbig hellem Porzellan (weißem Geschirr) muss Licht und Schatten den optischen Eindruck von Räumlichkeit, Materialbeschaffenheit und Oberfläche allein bewältigen.

Die Aufgabe

Bereiten Sie einen Studio-Grundaufbau vor, in dem Objekte aus Porzellan einzeln aufzunehmen sind. Mischen Sie bei den Aufnahmen Objekte mit stumpfer und glänzender Oberfläche, sowie rein weißes und farbiges Porzellan (Geschirr).

Die Lösung

Die »falsche« Beleuchtung verrät Ihnen, wie sich Licht und Objekt zueinander verhalten. Veränderungen der Leuchtenposition zeigen, wie Reflexe sich im Objekt verändern können. Wenn möglich, sollte man vom einfachen Reflektor auf einen Reflektor mit großer Lichtaustrittsöffnung wechseln. Mitunter genügt es, eine indirekte Beleuchtung zu benutzen.

Bei der indirekten Beleuchtung wird das Licht vom Objekt weg auf eine reflektierende Fläche gelenkt. Weiße Styroportafeln erfüllen diesen Zweck ideal. Auch ein silberfarbener Reflektor (Aluminiumfolie auf einem Brett) kann genügen, wobei die Lichtausbeute durch die höhere Reflektion einer silberfarbenen Folie stärker ist.

Achten Sie auf die Wärmebelastung, auf die zumindest eine Styroporplatte empfindlich reagiert. Zu nahe angeordnete Dauerbrenner (Halogenleuchte) lassen das Material schmelzen. Das gleiche gilt für den nächsten Versuch. Bringen Sie in ausreichendem Abstand zur Leuchte eine Stoffbahn an. Sie wirkt zum Teil wie ein Lichtzelt, indem sie das Licht stark streut und damit sehr weiches Licht auf das Objekt lenkt. Begutachten Sie jede Änderung am Aufbau immer durch den Sucher der Kamera, am besten auf dem elektronischen Sucher (Farbdisplay) der Kamera. Nur er zeigt das Bild aus dem richtigen Winkel und erlaubt eine eindeutige Bewertung der Ausleuchtung. Jede Beobachterposition neben oder über der Kamera zeigt die Reflexe an anderer Stelle.

Helle Porzellan-Vasen werfen vor dunklem Hintergrund weniger Probleme auf. Klar erkennbar ist die Eigenfarbe des mittleren Objekts. Rechts: Steingut mit matter Oberfläche lässt sich ohne Reflex-Probleme aufnehmen.

Gläserne Objekte

Glas auf dem Aufnahmetisch kann sich zu einem echten Problem entwickeln. Es kann durchsichtig sein und den Hintergrund durchscheinen lassen. Reflexe erscheinen nicht nur auf der Vorderseite, sondern auch aus dem Inneren und von der Rückseite. Glas kann in sich gefärbt sein, wobei diese Färbung spezifisches Merkmal ebenso wie Indikator für »billiges« Glas sein kann.

Nicht zuletzt kann Glas auch optische Wirkungen erzeugen. Durchscheinende Strukturen werden auf einmal verzerrt gesehen. Mit Wasser gefüllt, kann sich ein Glasgefäß wie eine Linse verhalten. Geschliffenes Glas fügt einem Objekt neben den Wirkungen der Form zusätzliche Reflexionsflächen bei. Stumpfe Oberflächen trifft man bei geätztem (gemustertem) Glas ebenso an, wie Schleifspuren an alten Glasobjekten die Gebrauchsspuren aus langer Zeit zeigen.

Die Aufgabe

Wählen Sie unterschiedliche gläserne Objekte, an denen man das Verhalten von glatten Flächen und Rundungen erkennen kann. Beginnen Sie mit Objekten, die glatte Oberflächen aufweisen. Die Steigerung kommt später mit geschliffenen und geätzten Glasobjekten.

Die Lösung

Wählen Sie anfangs einen dunklen Hintergrund, der sich in ausreichendem Abstand hinter dem Objekt befinden sollte. Je größer dieser Abstand, um so weniger wird er vom Licht getroffen und um so dunkler wird er abgebildet.

Heller Hintergrund gehört zu den »Prüfsteinen« gekonnter Glas-Fotografie. Hier muss das Licht allein durch Reflexe und zarte Lichtabstufungen für die Abbildung sorgen. Dunkle Säume im Glas sollten ebenso wie die hellsten Reflexe so abgestimmt

Geschliffenes Glas

Reflektierende Flächen in jeder Richtung, dazu Rundungen und durchscheinende Flächen, die das ganze noch einmal vervielfältigen. Glas mit diesen Eigenschaften verlangt sorgfältige Versuche der Ausleuchtung, in der Formen und Schliff betonende Anteile ohne heftige Überstrahlung harmonisch in das Bild passen sollen.

In der Praxis wird man stets zwei Leuchten in eine Grundstellung bringen, bevor man durch Verschieben der Leuchten, vor allem aber auch durch Drehen der Leuchten mit Blick auf das Sucher-Display die besseren und besten Leuchtenpositionen zu ermitteln versucht. Zu weiche Ausleuchtung, wie im kleinen Bildbeispiel, lässt Gläser wie diese »Römer« bald unattraktiv erscheinen. Farbige Glasanteile muss man angemessen »durchleuchten«.

werden, dass sie die Form eines gläsernen Objektes unterstreichen. Achten Sie auf Streifen einer »Projektion«, die auf dem Hintergrundmaterial sich neben oder hinter dem Glasobjekt zeigen kann. Licht und Schatten einer solchen »Projektion«, die durch das gläserne Objekt verursacht werden kann, lassen sich nicht mit einfachen Mitteln vermeiden. Sie verlagern sich mit der Veränderung der Beleuchtung und können auf diese Weise eventuell beseitigt oder gemindert werden.

Primär ist die Ausleuchtung des Objektes ausschlaggebend. Störfaktoren außerhalb des Objektes kann man notfalls später in der EBV korrigieren. Eine »falsche« Belichtung, zum Beispiel ein unterbelichtetes Bild, in dem Objekt und Hintergrund klar abgegrenzt sind, kann bei absolut unveränderter Kamera später in der EBV als »Maske« verwendet werden, die eine Bearbeitung des Bildes in der EBV erleichtert. Tipps zu Masken finden Sie im letzten Kapitel.

Tipp:

Die Leuchtenposition

Wechsel in der Leuchtenposition zum Objekt lassen sich nicht in ein festes Empfehlungsschema kleiden. Stets bestimmt die Form des Objektes, wie sich ein Reflex verhält. Immer ist auch die Position der Leuchte im Raum verantwortlich für den Erfolg. Der Abstand der Leuchte zum Objekt, der Winkel dazu und die Höhe sind die »Variablen« einer gekonnten Ausleuchtung.

Frontales Licht »zentriert« den Reflex in bauchigen Objekten in der Mitte. Je mehr man das Licht auf die Seite verlegt, um so stärker wird die Form des Objekts unterstrichen. Im streifenden Licht werden auch Fehler im Glas sichtbar. Außerdem kann man erkennen, ob die Oberflächen wirklich sauber sind. Kalkablagerungen kann man mit »hochprozentiger« Mischung aus Wasser und Essig, die man notfalls leicht anwärmt, selbst an schwer zugänglichen Innenseiten zu entfernen versuchen.

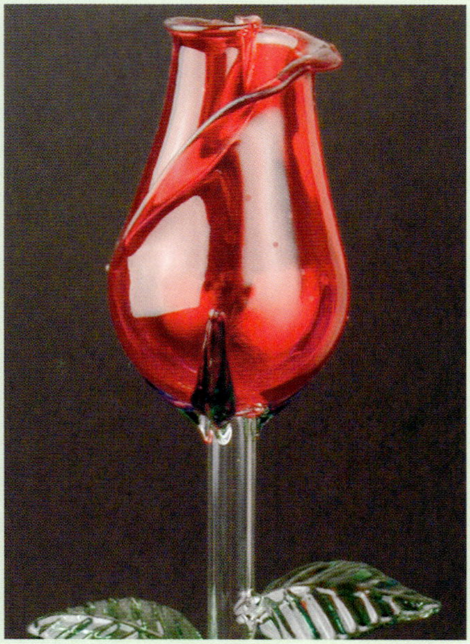

Glatte Glasoberflächen

Wenig Aufwand hat man mit der Beleuchtung von glatten Glasoberflächen, wenn diese praktisch plan sind. Stets lässt sich Kamera, Objekt und Beleuchtung so zueinander stellen, dass störende Reflexe vermieden werden.

Anders bei gebogenen glatten Glasflächen, wie sie in diesem Objekt vorliegen. Im kleinen Bildbeispiel wurde heller Hintergrund und indirekte Beleuchtung (gegen die Decke gerichtet) benutzt, um die Reflexe gering zu halten. Vor dunklem Hintergrund (links) wurde eine mittelgroße Lichtwanne (50 x 50 cm) benutzt, um gezielte Reflexe in das Objekt zu bringen. Ein streifendes Licht von hinten erhöht die Färbung des Glases, die bei einer Beleuchtung ausschließlich von vorn dunkler ausfallen würde. Das Licht der Lichtwanne betont die Form der Rose.

Metall im besten Licht

Objekte aus Metall, aber auch Objekte, in denen Metall nur ein Bestandteil ist, sollen jetzt im Mittelpunkt stehen. Metall ist nicht gleich Metall, und so sollten Sie sich Objekte aus unterschiedlichen Metallen vornehmen.

Poliert, gebürstet oder oxidiert – vom Blei bis zum Gold reicht die Palette der Metalle, die sich unter dem Licht wie ein ungeschliffenes Brett, aber auch wie eine hochglänzende Glasoberfläche verhalten können. Metall findet man in Gebrauchsgegenständen (Zinnbecher), im Schmuck wie Ringe oder Ketten und selbst im verchromten Zierrat. Metalle haben eine eigene Farbe, die zusammen mit ihrem Glanz den Stoff auch auf einem Foto erkennbar machen können. Bedenken Sie, dass weder ein Foto noch der Druck in diesem Buch »metallisch« sein kann. Immer ist es eine »optische Täuschung«, die bei Gold auf gelbe Farbanteile, bei Silber eher auf graue und leicht blaue Farben und bei Kupfer auf rote Farbbeimengungen im Bild zurückzuführen ist. Reflex und Farbigkeit zusammen geben einem Objekt den »metallischen« Charakter im Bild.

Tipp:

Oxidiert, verrostet und »gebürstet«

Metall in unterschiedlichen Formen der Verarbeitung oder »oxidierte« (verrostete) Metallgegenstände sind die einfachen Kandidaten der Sachfotografie. Sie bergen die geringste Gefahr, unerwünschte harte Lichtreflexe zu erzeugen, wie man sie bei Chrom erlebt. Silber und Gold sind vom Bearbeitungszustand abhängig als mattierte Objekte einfacher aufzunehmen.

Die Aufgabe

Platzieren Sie unterschiedliche metallische Gegenstände auf dem Aufnahmetisch. Beginnen Sie wieder mit den eher einfa-

Metall zwischen Glanz und Spiegelung

Eine unpolierte beziehungsweise zum Teil polierte Kanne aus Messing musste für diese Muster herhalten. Sie zeigt, wie stumpfer Glanz wenig problematisch ist, wie eine zu Hochglanz polierte Kanne zum spiegelnden Objekt wird.

Alle Beispiele wurden im »Lichttunnel« aufgenommen und profitieren damit von sehr weicher Beleuchtung. Eine Spiegelung der Öffnung, durch die mit der Kamera geblickt wird, ist noch zu groß und müsste weiter abgedeckt werden, damit nur eine winzige Störung durch das Objektiv der Kamera verbleibt.

Das kleine Bildbeispiel zeigt hochglänzende Metall-Muttern, die auf eine spiegelnde Fläche gebracht wurden, um das Bild interessanter erscheinen zu lassen. Streifende Beleuchtung erhöht den Kontrast durch kräftige Schattenbildung.

chen Aufgaben. Mit stumpfen Materialien also. Messing-Gefäße sollte man zuerst einmal im stumpfen Zustand aufnehmen, bevor man sie hochglänzend poliert erneut fotografiert.

Die Lösung

Mehr als eine Lösung bietet sich zum Fotografieren metallischer Objekte an. Richten Sie sich nach den Oberflächen, um eine ausgeglichene Grundbeleuchtung einzurichten. Man muss die »mittleren« Helligkeiten treffen, um eine optimale Wiedergabe zu erzeugen. Chrom und Silber sind weniger an der Farbigkeit, als am Objekt selbst zu erkennen, das wir mit eigenem »Wissen« verbinden. Eine Chrom-Gabel ist von einer Silber-Gabel kaum zu unterscheiden, dass es kaum eine silberne Stoßstange gibt, sagt uns die Erfahrung. Mit weichem Licht und damit nicht extrem hellen Reflex-Anteilen im Bild und halbwegs ausgeglichenen Schatten fährt man am besten. Zu tiefe Schatten, wie man sie ohne Aufhellung zum Beispiel bei seitlich beleuchteten Münzen antrifft, lassen zu schnell ein hartes Schwarz-Weiß kontrastierendes Bild entstehen, das Züge einer Zeichnung annimmt. Hochglänzende Metalle haben zudem die Eigenschaft, bei Licht aus bestimmten Winkeln »Licht zu löschen«. Diese Flächen erscheinen dann total schwarz.

Polarisiertes Licht kann bei Aufnahmen metallischer Gegenstände nur dann einen Einfluss haben, wenn man neben dem Polfilter vor dem Objektiv der Kamera eine Polfilter-Folie vor der Leuchte verwendet. Selbst Reflexe lassen sich so löschen, die sonst nicht zu beeinflussen wären. Folien bieten Hersteller wie Heliopan an. Zur Kamera wird ein (teureres) Zirkular-Polfilter benötigt. Für die Beleuchtung genügt die preiswertere Variante einer Linear-Polfilter-Folie. Ob die Ausrichtung wirksam ist, zeigt das Farbdisplay der Kamera.

Der richtige Hintergrund

Schwierige Aufgaben, dafür eine leichte Lösung – mit diesem Grundsatz möchte ich die Fragen nach dem Hintergrundmaterial angehen.

Hintergrundmaterialien haben unterschiedliche Eigenschaften, die natürlich tief in das Bild, die Betrachtung und nicht zuletzt auch in das zentrale Foto-Objekt hinein wirken.

✘ *Der Kontrast zum Objekt*

Helle Objekte fordern eher einen grauen oder schwarzen Hintergrund, um sich gut abzuheben. Neutrale »Farbe« ist immer von Vorteil. Der Hell-Dunkel-Kontrast ist zudem wichtige Voraussetzung, wenn man ein Objekt in der EBV freistellen will. Dunkles Hintergrundmaterial erscheint im Foto oft heller, als man es per Augenschein wahrnehmen kann.

Dunkle Objekte kontrastieren analog dazu auf weißem oder hellgrauem Material am besten. Weißer Hintergrund, der sich durchgehend unter dem Objekt durchzieht, neigt als Reflektorfläche dazu, die Kanten eines Objektes zu überstrahlen. Vor allem sehr dunkle Objekte, die man eventuell stärker belichten muss, leiden unter diesem »Ausfransen« durch das Licht vom Rand an.

✘ *Farbiges Hintergrundmaterial*

Jedes farbige Hintergrundmaterial unterliegt den gleichen Eigenschaften, die bislang schon angesprochen wurden. Helle Farben kontrastieren zu dunklen Objekten, dunkle Farben zu hellen Objekten. Die Eigenfarbe des farbigen Hintergrundmaterials wirkt um so heller in der Fotografie, je länger die Belichtung sein muss. Auch als Reflektor betrachtet, haben farbige Hintergrundmaterialien Einfluss auf die Belichtung des Objektes. Das von farbigen Hintergrundmaterialien reflektierte Licht bringt jedoch farbige Reflexe in das Objekt hinein, die sich als störend, unpassend oder »unerklärbar« im Bild zeigen.

Farbiges Hintergrundmaterial sollte zu den Farben des Objekts harmonieren. Gedeckte Farben sind dabei immer besser einsetzbar, als »knallige« Farben. Gedeckte Farben haben auch nicht unbedingt die Nachteile, die man aus der Sicht der Farbwissenschaftler sieht. Vor allem intensive Farben in grellen Nuancen von Rot sind

Schwarzer Hintergrund, durch die Beleuchtung aufgehellt, zeigt sich als dunkler Grauton in der Aufnahme.

Oberhalb des Objekts wurde der Hintergrund eingerollt, um Licht abzuhalten. Der Hintergrund wirkt nun dunkel.

als »Drängler« verschrien, die im Bild dominieren und sich in den Vordergrund bei der Betrachtung schieben. Das zentrale Motiv wird farblich übertönt.

Weitergehende Farbtheorien sagen viel auch über die Wirkung von Farbkontrasten und Farbgegensätzen aus. Das Verhältnis der Flächenanteile von Objekt zu Umgebung kann ebenfalls eine gravierende Rolle spielen, ein Objekt in den Vordergrund zu bringen oder eher zu unterdrücken.

Digitale Fotografie in Verbindung mit der EBV versetzt den Sachfotografen in den Vorteil, ein Objekt freizustellen und im »Hintergrund« die Wirkung einer Farbe zu probieren. Eine »zulässige Mogelei«, bei der praktisch nur der aufmerksame Fachmann am Fehlen von Reflex-Zonen den Kunstgriff bemerken wird. Gerade spiegelnde Objekte zeigen, ob und wo die fotografische Leistung durch eine EBV-Nacharbeit ersetzt wurde.

Knapper Beschnitt und das Internet als Hauptverwendungszweck befreien von den Überlegungen, die man für ein zu druckendes Bild allerdings schon anstellen sollte. Immer ist es »richtiger«, neutrale Farben für den Hintergrund zu wählen oder sich auf gedeckte Farben wie ein dunkleres Braun, auf ockerfarbene Töne und ähnliche gedämpfte Farben für die Sachaufnahme zu verlassen.

Die Aufgabe

Wählen Sie unterschiedlich farbige Objekte aus, die auf verschiedenen Hintergrundmaterialien zu fotografieren sind. Für diese Versuche sollten kleine »Fotokartons« genügen, die man im DIN A3 und DIN A4 Format im Papierladen (grafischer Bedarf) bekommt, ohne viel Geld investieren zu müssen. Fotokarton gibt es in zahlreichen Farben.

Die Lösung

Benutzen Sie Licht aus einer Leuchte, die Sie auf der linken Seite aufstellen – auf der Seite des üblichen Führungslichts also. Aus einer Position oberhalb des Objekts ergeben sich ausreichend viel Beleuchtungseffekte, an denen Sie vor allem beim Einsatz von kräftig gefärbtem Hintergrundmaterial die Nebenwirkungen wie farbig reflektiertes Licht deutlich im Objekt erkennen können. Stellen Sie zudem Objekte unterschiedlich beschaffener Oberfläche

Weiches Licht aus der Lichtwanne ohne Aufhellung auf schwarzem Fotokarton lässt das Bild etwas flau erscheinen.

Licht ohne Lichtwanne führt zu harter Beleuchtung. Der Hintergrund wurde oben gerollt, um sich besser abzuheben.

ins Bild. Was eine dunkle oder schwarze Oberfläche an Reflektion noch zu »schlucken« vermag, wird sich in spiegelnden Oberflächen umso eher als »Spiegelbild« zeigen, je glänzender (oder spiegelnder) die Oberfläche beschaffen ist.

Lila Elefanten – vom Boden des farbigen Hintergrundmaterials wird wenig Licht in der Hintergrundfarbe reflektiert.

Denken Sie bei den spiegelnden Oberflächen – nicht nur im Zusammenhang mit den Hintergrundmaterialien – daran, dass reflektierte Details wie auch Hell-Dunkel-Kontraste dem Autofokus Ihrer Kamera zur Einstellung der Distanz dienen. Da der Autofokus mit großer Wahrscheinlichkeit in der Spiegelung die Entfernung zwischen Kamera, spiegelndem Objekt und gespiegeltem Detail auf das spiegelnde Detail einstellen wird, dürfte das Objekt selbst unscharf abgebildet werden. Hier muss eine Ersatzmessung oder eine manuelle Einstellung der Entfernung stattfinden.

Hintergrundmaterialien sind für kleine Objekte in handlichen Formaten zu erschwinglichen Preisen zu bekommen. Die klassischen Hintergrundmaterialien bestehen aus Papier beziehungsweise Karton und werden in einer Reihe von Farben verwendet. Professionelle Hintergrundmaterialien für das Studio erreichen teils große Dimensionen (z.B. 2,75 m breit, 11 m lang) und müssen entsprechend teurer bezahlt werden. Jeder Aufbau sollte angemessen sorgfältig vorgenommen werden, um den Verschleiß in Grenzen zu halten. Auch als »nichtfettend« angebotene Fixiermittel (Knetmassen, z.B. Hama Haftpast) sind oft nicht »grenzenlos« fettfrei und können dunkle Flecken auf dem Hintergrundmaterial verursachen, die bei einer anderen Aufnahme stören könnten. Als erstes sollte man deswegen versuchen, ein Objekt (mit möglichst sauberem, nicht abfärbendem oder verrosteten Boden) ohne Hilfsmittel aufzustellen. Alle möglichen kleinen Unterleg-Hilfen können den direkten Kontakt zum Hintergrundmaterial reduzieren. Kleine Holzstücke (Sperrholz)

Rosarote Elefanten – die Reflektion ist stärker und wird vor allem in den Schattenpartien gut sichtbar.

Tipp:

Autofokus-Trick

Sollte das Autofokus-Messfeld der Kamera bei Einstellung des gewünschten Bildausschnittes in einem ungünstigen Bereich des Objektes stehen (und nicht verstellbar sein), dann muss man mit der Kamera auf einem Stativ die Drehbewegung des Stativkopfes lockern, um kurz auf den Objektrand oder ein gut kontrastierendes Objektdetail einstellen zu können.

oder »Gummiflecken« als Untersetzer sind nicht zu verachten. Neigt das Objekt zum Kippen, dann kann man vielleicht ein sauberes schweres Stück hinter das Objekt stellen. Wichtig ist nur, dass eine solche Unterstützung nicht am Objekt vorbei im

Farbe zum Teil – das Auge kann durch den grauen Hintergrund besser den Anteil an farbiger Reflektion erkennen.

Bild sichtbar wird. Es sollte bei streifendem Licht natürlich auch keine Schatten hinter dem zentralen Motiv hervorkommen lassen, die nicht zum Objekt passen. Alle Vorschläge sind wieder einmal an der fotografischen Lösung orientiert, die einen Beistand der EBV nur als letztes Mittel sieht. Auch zum Guten der EBV muss angemerkt werden, dass die Korrektur beispielsweise eines Hintergrundes zwar kein Problem an sich darstellt, die Korrektur eines Farb- oder Helligkeitsverlaufs im Hintergrund allerdings nicht zu den einfach mit der EBV reparierbaren Aufgaben gehört.

Etwas einfacher handhabbare Hintergrundmaterialien gibt es von Anbietern wie zum Beispiel Hama. Sie haben Materialien im Programm, die aus Kunststoff und abwaschbar sich etwas weniger empfindlich verhalten. Kunststoff wie auch Karton sind aber immer gegen Knicke empfindlich, die man immer in einer Fotografie ausmachen kann. Da es diese Kunststoff-Hintergrundmaterialien auch mit gedruckten Farbverläufen gibt, muss man sich nicht unbedingt mit der Beleuchtungsfrage »Wie erzeuge ich einen Helligkeitsverlauf mit einer Leuchte« beschäftigen. Für unterschiedliche Farben wird dann jedoch immer ein

Wir sind neutral – auf weißem Hintegrund, der die Schatten kräftig ohne Farbstich aufzuhellen vermag.

eigener fertiger Hintergrund benötigt. Wie beim kartonstarken Hintergrundmaterial auf Papierbasis sind auch Kunststoffhintergründe mit einer matten Oberfläche versehen, die jede Spiegelung vermeiden.

Spiegelung vermeiden ist wichtig beim Hintergrund. Spiegelung nutzen nicht minder. Vor allem Kunststoffe, wasserabweisende Materialien empfehlen sich, die man auch mit Wasser besprühen kann, um interessante Effekte zu erzeugen oder ein »wasserdichtes« Objekt zu präsentieren.

Tipp:

Klettband – die elegante Lösung

Mit Klettband bietet Hama eine elegante Befestigungs-Lösung an, die sich für Hintergrundmaterial vor allem in Bogenware (Blattform) eignet. Ein Band kommt auf den Aufnahmetisch, das Gegenstück wird am Hintergrundmaterial befestigt. Abziehen und Aufstreichen genügt, um schnell und sicher einen neuen Hintergrund zur Verfügung zu haben.

Links: Weiches Licht wurde hier verwendet, um als »Repro« die Zeichnung optimal zu zeigen.

Unten: Auf allen Seiten praktisch gleiches Licht wirkt schnell langweilig und »fade«

Vor allem weißes Porzellan und seine feine Glasur sind für jeden Produkt-shot Fotografen eine Herausforderung. Das beginnt mit dem Weißabgleich, der sorgfältig auf das Licht abgestimmt sein muss oder sogar individuell gemessen werden sollte (wenn es die Kamera zulässt).

Die Beispiele eines »kantigen« Objekts sollen verdeutlichen, dass es wichtig sein kann, die Beleuchtung auf jede der Seiten individuell auszurichten. Drei sichtbare

Erkennungsmerkmale der Porzellan-Manufaktur, meist auf dem Boden anzutreffen, sind wichtiges Detail bei wertvollen Objekten, das man zusätzlich zeigen sollte. Ein Makro-Motiv, das von Natur aus unscharf sein kann.

Seiten können in einem Verhältnis von vollem Licht für eine Seite, ⅔ Licht für die zweite und ⅓ für die letzte Seite gestaltet werden, um allein von der Beleuchtung her schon interessant zu wirken.

Die Betonung einer glänzenden Seite, die hier am Beispiel der Oberseite gezeigt wird, ist bei richtiger Ausrichtung und Dosierung auch gut geeignet, den richtigen Glanz und Farbton in goldene Muster oder Ränder zu bringen. In metallische Anteile des Geschirrs also, die bei falscher Beleuchtung sogar fälschlicherweise schwarz abgebildet werden können.

Wichtig ist auch der Kontrast zum Hintergrund, der wie immer auch die Bodenregion einschließt. In allen Aufnahmen wurde grauer Hintergrund verwendet, damit eine ausreichende Trennung möglich ist. Wird eine Frontfläche zu dunkel, so kann man weißes Papier auf den Boden legen und so dicht heranführen, dass es als Aufheller wirkt. Nicht zu vergessen: Jedes farbige Detail im Objekt kann Farbreflexe auf den Hintergrund werfen. Besonders intensiv wirken dabei zum Beispiel Goldkanten. Der digitale Produkt-shot Fotograf hat wieder einmal den Vorteil, solche Fehler in der

Streifendes Gegenlicht sorgt für sanften Glanz auf der Oberfläche. Eine Ausleuchtung, die man als Ergänzung verwenden kann.

Umgebung des Objekts nachträglich zu entfernen. Mit einem »Stempel-Werkzeug« zum Beispiel, mit dem fehlerhafte Teile im Hintergrund einfach überdeckt werden können. Ein Eingriff, der das Objekt überhaupt nicht berührt und ganz legal ist.

In steiler Perspektive (links) wird die Abbildung viel höher als bei flacher Ansicht. Mit steiler Ansicht steigt zudem die Verzeichnung.

Lichtzelt für Problemfälle

Licht streuen und Licht reflektieren, beides so oft es nur geht und dazu von allen Seiten – das ist das ganze Geheimnis einer Lichtzelt-Konstruktion. Es ermöglicht schattenfreie Ausleuchtung und verschafft ein Licht, das von allen Seiten kommt mit Reflektionseigenschaften, die optimal für glänzende Objekte ist.

Lichtzelte müssen in ihren Dimensionen ausreichend groß für ein Objekt sein. Womit fast gänzlich klar ist, dass man mehr als eine Lichtzeltgröße »auf Lager« haben sollte. Leichte Stoffe, dünne Stoffbahnen eignen sich besonders gut für flexible Lichtzelte. Man muss sie rings um ein Objekt abhängen und darf nur einen kleinen Durchblick für das Objektiv der Kamera lassen. Ein Material wie Fallschirmseide wird von allen Profis immer als das beste Material für ein Lichtzelt bezeichnet.

Die Materialauswahl für ein Lichtzelt liesse sich noch stark erweitern. Dünnes Schreibpapier ist sehr gut geeignet. Normales Kopierpapier auch, und im Zweifelsfall muss man das verwendete Licht ein wenig verstärken. Zwei oder drei kleine Blitzgeräte, die rings um das Lichtzelt aufgestellt werden, erfüllen bei diesem kleinen Aufbau bestimmt den Zweck. Das Papier kann man zu einer Röhre zusammendrehen und an der Stoßkante heften oder mit Klebefilm verbinden. Vor allem in Verbindung mit einer Repro-Säule erhält man auf diese Weise ein »Repro-Leuchtzelt«, in dem man kleine Gegenstände von oben herab fotografieren kann.

Ähnlich kann der Aufbau mit dünnem Styropor erfolgen. Hier eignet sich vornehmlich das Material, das man als »Untertapete« im Baumarkt bekommt. Nur wenige Millimeter dick, lässt sich eine Bahn ebenfalls zur Röhre aufstellen oder wie ein »Tunnel« über ein Objekt stellen.

Das Lichtzelt aus einem Papier-Rohr

Mit einer einfachen Papierröhre lassen sich kleine Objekte vor allem am Repro-Stativ ganz weich ausleuchten. Das Papier sollte wie zum Beispiel dünnes Durchschlagpapier sehr viel Licht hindurchlassen und im Inneren genug reflektieren. Die Beispiele von links: Harte Beleuchtung aus einem normalen Reflektor. Nächste Seite links: Weiches Licht aus einer kleinen Lichtwanne. Ganz rechts eine Aufnahme im Lichtzelt. Schatten und Reflexe prägen die normale Aufnahme. Die Lichtwanne mildert bereits die Reflexe und wirft weiche Schatten. Erst im Lichtzelt ist auch der Schatten aufgehoben. Jedes Detail wird erkennbar. In der EBV lässt sich falls nötig der Kontrast minimal anheben um eine brillantere Farbe zu erhalten.

Styropor ist sehr wärmeempfindlich, womit Halogenleuchten und ähnliche Hitzequellen eine große Distanz brauchen, die natürlich Lichtleistung kostet, die von dem zu »durchleuchtenden« Material noch weiter gedämmt wird. Styropor-Untertapete ist damit wohl eher ein Lichtzelt-Material, das in Verbindung mit einem Blitzgerät genutzt werden sollte.

Das Einstelllicht, wie es professionelle Blitzanlagen besitzen, ist immer wichtig, um eine Beleuchtung auszurichten. Fast immer, denn im Lichtzelt ist die Vorzugsrichtung eines Blitzlichts so gut wie aufgehoben. Richtet man es nahe dem Lichtzelt grob auf die Mitte des Zeltes aus, in die Richtung, in der das Objekt aufzustellen ist, dann sorgt die Streuung durch das Lichtzeltmaterial und die Reflektion im Inneren dafür, dass ein Licht eigentlich nie falsch ausgerichtet sein kann. Verwendet man zwei oder drei kleine externe Blitzgeräte, dann erreicht man durch gleichmäßigen Abstand zum Lichtzelt nicht nur weiches Licht, sondern auch genug Licht für kleinste Blendenöffnungen und damit größtmögliche Schärfentiefe.

Geringe Unterschiede, die sich aus der Platzierung der Blitzgeräte ergeben können, sind trotzdem zu bemerken. Haben alle Blitzgeräte gleiche Leistung und gleichen Abstand zum Lichtzelt, dann sollte die Ausleuchtung im Inneren auch völlig gleichmäßig sein. Wird ein Blitzgerät weiter entfernt vom Lichtzelt benutzt, kann sich an

Tipp:

Zu weich im Lichtzelt?

Die extrem weiche Lichtstimmung im Lichtzelt kann manches Mal ein Problem bedeuten, wenn das Objekt zu flau abgebildet wird. Machen Sie in einem solchen Fall eine Belichtungsreihe, aus der später das beste Bild oder das Bild mit den besten Voraussetzungen für kontraststeigernde Nachbearbeitung in der EBV ausgewählt werden kann.

Sachaufnahmen im Tunnel

Viele Aufgaben, die mit dem Lichtzelt zu lösen wären, lassen sich auch mit einem Licht-Tunnel bewältigen (unten). Eine durchscheinende Kunststoffplatte wird gebogen über das Objekt gestellt. Der Hintergrund sollte Weiß sein. Die Leuchten werden links und rechts positioniert und auf den Tunnel gerichtet. Wanne und Diffusor sorgen für noch weicheres Licht. Die Bildbeispiele zeigen eine Uhr in weichem Licht mit gleichmäßigem Reflex im Glas und Messingspitzen, die ausgewogen von links und rechts beleuchtet wurden. Ein dunkler Streifen im Objekt hebt die plastische Wirkung. Ganz rechts wurde die rechte Leuchte abgeschaltet um zu zeigen, dass geringe Variation der weichen Beleuchtung auch im Licht-Tunnel möglich ist.

dieser Stelle eine leichte Abdunklung ergeben. Wird es näher als alle anderen zum Lichtzelt bewegt, dann kann hinter der Lichtzeltwand eine etwas hellere Zone entstehen. In jedem Fall ist es durch Abstandsänderungen möglich, einen »Hauch von Schatten« auch im Lichtzelt zu haben. Er wird aber prinzipiell sehr zart ausfallen. Sehr weiche Lichtstimmung bleibt der Vorteil des Lichtzeltes, auch wenn das Objekt knochenharte Kontraste besitzen sollte.

Lichttunnel oder »Kuppeln«, die man über einem Objekt errichtet, sind sehr gut für die normale Aufnahme eines Objekts in der Waagerechten geeignet. Lässt der Lichttunnel vorn und hinten eine Öffnung entstehen, so hat man »vorn« genug Einblick für die Kamera. »Hinten« sollte man eventuell durch weißes Hintergrundmaterial für einen ungestörten Übergang sorgen.

Jede Sachaufnahme, die mit glänzenden oder spiegelnden Objekten durchgeführt werden soll, birgt das Risiko, dass sich die Kamera, ihr »Bediener« und vielleicht sogar das halbe Studio im Objekt spiegelt. Dagegen kann man nur etwas tun, wenn man für die Kamera notfalls eine zusätzliche Abdeckung einsetzt, die lediglich dem Objektiv einen Durchblick erlaubt. Von allen anderen Experimenten möchte ich abraten, auch nicht auf die im Notfall immer arbeitswillige EBV verweisen. Spiegelungen der eben geschilderten Art können derart schwierig in der EBV zu beheben sein, dass sich jeder Aufwand vor der Aufnahme in jedem Fall lohnt. Die EBV tritt dann nur noch zu Feinkorrekturen an.

Einen Lichttunnel aus der Profifertigung bekommt man mit dem Magic Studio von Novoflex zumindest in der durchscheinenden Ausführung. Wird diese Platte normalerweise mittels zwei Ketten zu einem Aufnahmetisch, einem Hintergrund geformt, so kann man seine Aluminiumleisten links und rechts zwischen Anschläge spannen. Damit wölbt sich über dem Objekt ein recht

geräumiger Tunnel, in dem ebenfalls sehr weiches Licht zu erreichen ist.

Stoffbahnen, mit denen ein Lichtzelt geformt wird, sollten aus weißem Material sein, damit optimale Lichtverhältnisse im Lichtzelt geschaffen werden. Man sollte jedoch nicht übersehen, dass auch eine leichte Färbung des Stoffes sich für das Licht wie ein »Farbfilter« verhält. Das Licht wird in der Färbung verändert. Für die digitale Kamera ein kleineres Problem, wenn diese mit einem Weißabgleich ausgestattet ist, der auch auf das Blitzlicht einen Weißabgleich durchzuführen gestattet. Praktisch jeder Farbstich wird auf diese Weise vermeidbar.

Stoffbahnen können insbesondere bei größeren Objekten auch vor einer Leuchte für weicheres Licht sorgen, wenn man den Stoff mit etwas Abstand zur Leuchte aufspannt und zudem den Reflektor mit einem Diffusor versieht. Manche Faltreflektoren der Profi-Geräte sehen diese doppelte Wirkung generell vor. Anderen Geräten kann man mit einem dünnen Tuch die selben Eigenschaften verleihen. Dazu genügt sogar ein feinmaschiges Gewebe (wie »Fliegengitter« aus dem Baumarkt), das man mit Abstand zur Leuchte abhängt. Gerafft oder zwei bis dreilagig übereinandergelegt hat dieses Gewebe zur professionellen Diffusorfolie vergleichbare Eigenschaften – zu einem erheblich niedrigerem Preis. Probieren Sie es, angeregt durch die Beispiele, einfach mal aus.

Tipp:

Lichtzelt aus Stoff

Bevorzugtes Material für ein Stoff-Lichtzelt scheint immer noch die selten anzutreffende Fallschirmseide zu sein. Gute Voraussetzungen kann man auch mit Baumwoll-Batist schaffen. Prüfen Sie einen Stoff mit untergelegter Hand auf seine Fähigkeit Licht hindurch zu lassen und achten Sie darauf, dass er rein weiß ist um im Inneren viel Licht von allen Seiten zu reflektieren.

Objekte im Lichtzelt profitieren davon, dass das Licht von allen Seiten kommt. Eine praktisch schattenlose Ausleuchtung ist die Folge, mit der auch gedämpfte Spitzlichter verbunden sind. Leichte Änderungen des Abstands zumindest einer Leuchte erlauben geringe Verbesserung, die vor allem an sich »farblosen« Objekten zugute kommt.

Im Lichttunnel gelten ähnliche Verhältnisse wie im Lichtzelt, doch das Licht wird in der Hauptsache von Links und Rechts auf das Objekt gelenkt. Mehr Möglichkeiten der Beeinflussung stehen damit zur Verfügung ohne den Grundcharakter des Lichts, die besonders weiche Ausleuchtung, zu verlieren. Mit den Rundungen eines Objekts steigen in jedem Fall die Probleme, durchgehende »Reflexe« zu erhalten oder

Oben: Hartes Licht bringt harte, überstrahlende Reflexe und tiefe Schatten.

Unten: Weiches Licht aus großer Fläche erlaubt gezielte Gestaltung mit zarten Reflexen. Oft genügt eine geringe Verschiebung der Leuchte, um die gewünschte Wirkung zu erreichen.

dem Licht abgekehrte Bereiche noch ausreichend zu beleuchten. Ideal wäre ein kugelförmiges Lichtzelt, vor allem bei Vollkugeln. Mit hellem Hintergrund, der sich auch unter dem Objekt befindet, kann man für mehr Aufhellung sorgen. Außerdem bleibt zu überlegen, eine Lichtquelle gezielt auf den Boden zu richten und mit einer weiteren Lichtquelle von oben herab das Licht zu verstärken.

Rechts: Der Boden verrät den Hersteller. Goldschrift kommt optimal im weichen Streiflicht.
Unten: Vor dunklem Hintergrund heben sich die hellen Konturen gut ab. Seitliches Licht von einer Seite sorgt für die Abdunklung der Kontur.

Preiswert selbst gebaut

Handarbeit und Improvisation prägen die tägliche Arbeit des »Sachfotografen«. Mit ein paar Basteltipps aus der Praxis will ich Ihnen Anregungen geben, wie Sie mit wenig Aufwand das perfekte Studio gestalten. Gerade für die Aufnahme kleiner Dinge lohnt sich eine maßgeschneiderten Lösung.

Ein Mini-Aufnahmetisch

Schrauben Sie zwei Spanplatten im rechten Winkel zusammen. Ein Format von etwa 30 x 30 cm genügt. Zwei Leisten dienen als Anschlag für den Hintergrundkarton, um eine Hohlkehle zu erzeugen.

Die Schrauben sollte man »versenken«, die Leisten könnte man über Bohrungen im Boden des Aufnahmetisches verstellbar einrichten. Fotokarton hat genug Spannung in sich, um zwischen den Leisten eine brauchbare Hohlkehle zu bilden.

Tipp:

Grundformen für kleine Lichtwannen

Der Winkel muss bei allen vier Teilen gleich sein. Ist die Größe aller vier Seiten identisch, entsteht eine quadratische Wanne. Zwei kurze und zwei lange Seiten führen zu einer länglichen Wanne.

Eine kleine Lichtwanne

Bereiten Sie vier Holzplatten in Trapezform vor. Sperrholz von ungefähr fünf Millimeter Stärke genügt, lässt sich leicht zuschneiden und ist häufig im Baumarkt als »Bastlerpaket« in Formaten zwischen DIN A4, DIN A3 und größer zu bekommen.

Die Grundform der Lichtwanne ist quadratisch, um zumindest beim ersten Versuch die Konstruktionsprobleme klein zu halten. Die parallelen Seiten erhalten einen Abstand von etwa 23 Zentimeter, die kurze Seite wird auf 15 Zentimeter bemessen, die lange Seite auf 30 Zentimeter. Zeichnen Sie in der Mitte der Platte eine Linie, von der aus nach links und nach rechts jeweils das halbe Maß angezeichnet wird (15 cm lange Seite, 7,5 cm kurze Seite). Eine kleine Sperrholzplatte von 15 x 15 cm kann als hintere Stabilisierung dienen. Man muss allerdings eine Öffnung für das »Leuchtmittel« vorsehen.

Alle fünf Platten kann man an den Außenkanten mit Leinen-Klebeband fixieren und ausrichten, bevor man mit einem Holzkleber das ganze dauerhaft verbindet. Zusätzliche Leisten nehmen eine Verbindung auf, bei der man mit Schrauben (M-Schrauben) eine Verbindung zu einem Halter (Stativ, etc.) schaffen kann.

Die Öffnung kann man für ein kleines externes Blitzgerät ebenso gestalten, wie sich ein kleiner »Kasten« zusammenfügen

Trapez-Grundformen für einen engen Reflektor (links) und einen »Breitstrahler«. Für eine quadratische Lichtwanne müssen alle vier Seiten identisch sein. Wenigstens die Frontseite muss mit diffuser Folie geschlossen werden. Weiße Farbe für die Innenseiten verbessert die Lichtausbeute.

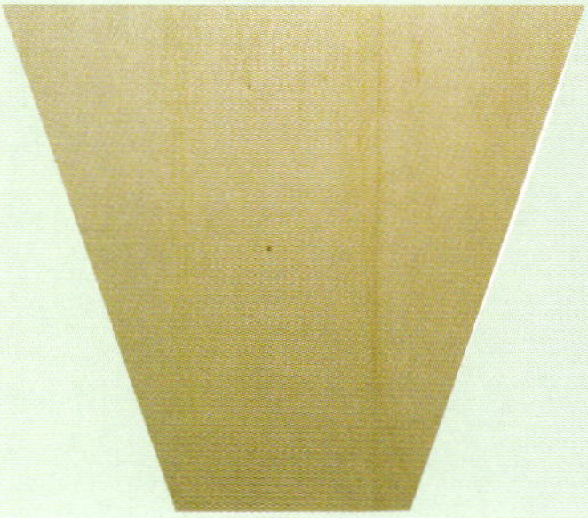

Aufbau mit der »3. Hand«. Die Lupe kann man abdecken, um sie als Objekttisch zu verwenden. Zwei Gelenkarme tragen Klemmen, die für Aufheller nutzbar sind.

lässt, der Einbau-Halogenstrahler aufnimmt. Wieder muss auf Wärmebelastung geachtet werden.

Im Inneren der kleinen Lichtwanne lässt sich als erster Diffusor ein Stoffstück spannen, das viel Licht durchlassen sollte. Ganz vorn kommt noch einmal eine Stoffbahn vor den Reflektor, die ebenfalls als Diffusor dient. Die Innenwände kann man mit weißer Farbe in ihren Reflektionseigenschaften verbessern. Chromspray erhöht die Lichtausbeute.

Der Vorteil einer »selbst erfundenen« Lichtwanne ist, dass man praktisch jedes Blitzgerät, jede andere Leuchte unter Beachtung der Wärmebelastung verwenden kann, ohne auf kombinierbare kommerzielle Lösungen angewiesen zu sein.

Die »Dritte Hand«

Eigentlich wurde sie für Elektroniker entwickelt, die diffizile Lötarbeiten an Elektronik-Kleinteilen durchführen mussten: Die dritte Hand. Ein schwerer Standfuß, eine Lupe am Gelenkarm und zwei weitere gelenkige Arme, die mit »Krokodilklemmen« versehen sind. Halbwegs preiswert auch im Baumarkt zu bekommen, ist dieses Hilfsmittel vor allem im Makrobereich ganz gut einsetzbar. Für kleine Teile also, und zugleich als flexibler Halter für winzige Aufheller. Doppelte »Kugelgelenke« erlauben volle Bewegungsfreiheit.

Objekte ohne Umgebung

Sie sind die wahren Freisteller. Objekte, die außerhalb der eigenen Kontur sich in die Umgebung einfügen. Befreit von den glatten Kanten des fotografischen Rechtecks. Mit der digitalen Fotografie haben sie Verbreitung gefunden, weil sie weder Mühen noch Kosten einstiger fotografischer Verfahren nach sich ziehen. Was muss der Fotograf beachten, damit es auch morgen noch mit dem Bildbearbeiter an seiner EBV klappt?

Klare Konturen eines Objektes vereinfachen das Freistellen, besser gesagt, sie vereinfachen es, eine Auswahl in der EBV rund um das Objekt zu ziehen. Eine klare Abgrenzung in der Aufnahme kann man durch die Wahl eines geeigneten Hintergrundmaterials vorbereiten. Neutrale Hintergrundmaterialien sind besser geeignet als farbige Hintergründe. Eventuell muss man dem Hintergrund eine eigene Beleuchtung gönnen, um die Trennung zwischen Objekt und Hintergrund zu erleichtern.

Farbiges Hintergrundmaterial müsste zumindest ganz gleichmäßig gefärbt sein, was auch voraussetzt, dass das Licht auf diesem Hintergrund so gleichmäßig ausfällt, wie es nur geht. Nur so kann man in der EBV die Funktion eine »Blue Box« nachahmen, wie sie zum Beispiel im Fernsehen benutzt wird, um Nachrichtensprecher und die Details dieser Sendung zusammenzubringen. Den Sprecher vor der Wetterkarte zum Beispiel, der in Wirklichkeit vor einer blau gestrichenen Wand seinen Bericht abgibt, während in der Technik die Karte hinter ihm eingeblendet wird.

Das »Blue Box« Prinzip funktioniert mit jeder anderen Farbe auch, nur darf man bei der Sachaufnahme nicht übersehen, dass unerwünschte Farbreflektion in das Motiv strahlen kann. Vor allem bei bis unter das Objekt ausgelegtem Hintergrundmaterial und intensiver Farbigkeit des Hintergrundmaterials ist die unerwünschte Einstreuung farbigen Reflexlichts praktisch nicht zu vermeiden.

Dunkle Objekte vor weißem oder grauem Hintergrund, helle Objekte vor dunklem Hintergrund, so lautet der Grundsatz, um ein Objekt klar abzugrenzen. Mit Hilfe der EBV ist leicht zu prüfen, wie sich die Kanten eines Objekts verhalten. Klare Trennung gibt es eigentlich nur, wenn der Kontrast zwischen Objektkante und Hintergrund ausreichend groß ist. Zwischentöne, die sich durch hellere Motivdetails bilden, sind schnell in der Nähe der Werte des Hintergrundmaterials anzutreffen. Außerdem neigen die Kanten eines Objektes je nach Beleuchtung schnell dazu, eine Art »Überstrahlung« zu zeigen. Das leicht nachvollziehbare Beispiel ist eine Frisur, in der dünnere Locken oder sogar einzelne Haare in der Aufnahme zu sehen sind. Sie bestehen fast nur aus Lichtsäumen und sind damit kaum freistellbar.

Im »normalen« Sachfoto kann man sich bemühen, die Zonen angeglichener Helligkeit möglichst gering zu halten. Für die EBV-Praxis bedeutet das, in großen Flächen sich auf

automatische Auswahl-Werkzeuge wie den »Zauberstab« verlassen zu können, die für den Zauberstab jedoch trotz enger Toleranzwahl schwer erkennbaren Bereiche mittels »Zufügen« oder »Abziehen« Funktionen der Auswahlwerkzeuge zu korrigieren. Manuell und nach Augenschein mit Werkzeugen wie dem »Lasso«. Manchmal eine mühsame Aufgabe, denn die optimale Auswahl sollte das Objekt in einem einzigen Zug markieren. Erst dann kann man auf Funktionen der Auswahl zurückgreifen, die Veränderungen an der Begrenzung vornehmen. Veränderungen wie »Auswahl vergrößern«

oder »Auswahl verkleinern« und vor allem die Funktion »weiche Auswahlkante«. Sie kommt einem Foto entgegen, das nie eine absolut scharfe Begrenzung der Objekt-Kontur im Bild zeigen wird. Je besser der Kontrast schon in der Aufnahme zu erkennen ist, umso besser wird man seine Auswahlbegrenzung einsetzen können.

Hohe Auflösung im digitalen Bild und die beste Bildqualität sind weitere Voraussetzungen, mit denen man sich das Freistellen eines Objekts erleichtern kann. Verzichten Sie wenn möglich auf JPEG-Dateien, die störende Farbblöcke aus der Komprimierung enthalten. Vor allem stark komprimierte JPEG-Bilder neigen dazu, die unangenehme Eigenschaft dieser verlustbehafteten Komprimierung zu zeigen. Mag sein, dass in eher bescheidenen Ausgabeformaten ein solches Bild für das menschliche Auge noch hervorragend wirkt, für die Zwecke der Freistellung kann es mehr als hinderlich sein. Das mindeste an Qualität, was man benutzen sollte, ist eine JPEG-Komprimierung, die das meiste an Qualität beibehält. Eine JPEG-Komprimierung mit der geringsten Komprimierungsstufe also. Besser wäre eine TIFF-Datei ohne Komprimierung.

Der fotografische Anteil an einem sauber freistellbarem Bild eines Objekts beginnt mit einer optimalen Ausleuchtung. Dabei sollte man sich erinnern, dass zu heftige Lichtsäume an den Konturen eines Objektes möglicherweise abgeschattet werden können. Kleine Kartonstücke neben oder über einem Objekt können in der richtigen Position angebracht Lichtsäume vielleicht nicht völlig zum Verschwinden bringen, sie können diese jedoch in ihrer Wirkung meist erheblich reduzieren. Je kleiner die Freisteller-Objekte sind, umso eher wird man eine praktizierbare Lösung finden, wie man Spiegel, Reflektorflächen oder auch zur Abschattung dienende »Neger« befestigt. In ein kleines Stück »Haftpast« geklemmt oder mit Hilfe einer »dritten Hand« fixiert, ist die erforderliche Stabilität erreicht. Sie ist

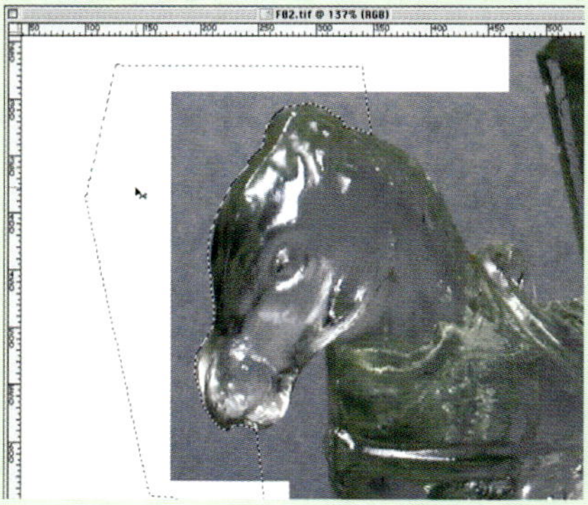

Das Original (rechts oben) wird mit dem Rechteck-Auswahlwerkzeug großzügig vom Hintergrund befreit, damit man näher am Motiv in der Vergrößerung die Feinarbeit der Freistellung ungestört erledigen kann. Links: Mit einem Auswahl-Werkzeug wie dem »Lasso« wird bei vergrößerter Anzeige nahe am Motivrand die Auswahl gezogen. Zu helle Details im Motiv werden mit einem feinen grauen Saum vom Hintergrund versehen.

nötig, vor allem, wenn man mit langen Belichtungszeiten arbeiten muss oder will und die Position einer nur mit der Hand gehaltenen Abschattung während der Belichtung nicht kontrolliert werden kann. Sollen größere Objekte ähnlich behandelt werden, dann ist beim Einsatz von Aufheller oder abschattenden Kartons wieder einmal die Improvisation bei der wackelfreien Befestigung gefragt.

Ganz bewußt wurde auf den vorhergehenden Seiten mit ziemlich vielen freigestellten Bildern der Versuch gemacht, die Aufgabe auch optisch in der vollen Konsequenz zu zeigen. Sollen freigestellte Bilder in einer Publikation aus der Einförmigkeit eines rechteckig eingeklinkten Bildes herausgenommen werden, so muss das Objekt geeignet und die Umgebung verzichtbar sein. Auf diesen Seiten liegen im Hintergrund der Objekte weiße Flächen oder sogar »Pfade«, die aus der EBV stammen und praktisch eine »Umrandung« des Objektes bilden. Pfad oder weiße Fläche können in einer Software, die Buchstaben und Bilder zusammenzubringen hat, benutzt werden, um zu trennen, um den Text um die Kontur herum fließen zu lassen. Dabei sind weiße Flächen risikoreich, wenn helle oder fast weiße Flächen im Objekt die Kontur nicht eindeutig erkennbar zeigen. Pfade sind nachhaltiger und können zudem in der EBV von Beginn an weiträumiger ausgelegt werden.

Wie sieht es aus, wenn ähnliche Effekte auf einer Internet-Seite erscheinen sollen? Nur zur Erinnerung: Mit dem JPEG-Format hat das Internet ein Bildformat, das alle Farben eines Farbbildes wiedergeben kann. Für Effekte ist es weniger geeignet, womit man sich frühzeitig überlegen sollte, ob man ein Produkt auf einem weißen Hintergrund zeigt oder ihm eine Färbung gibt, die dem Hintergrund einer anders gefärbten Internet-Seite zumindest angenähert ist. Ein brauchbares Mittel wäre auch, ein Produktbild in einen »Rahmen« zu setzen, einen Bilderrahmen, wie man ihn mit Hilfe der EBV-Software heute meistens erzeugen kann.

Die Alternative zu im Buch freigestellten Bildern ist für das Internet im GIF-Format ermöglicht. »Uralt« inzwischen, gehört das GIF-Format zu den Veteranen der Internet-Illustration, auf die man aber wohl nicht verzichten mag. Es reduziert die Anzahl der Farben auf bescheidene 256, die in einer optimierten Palette im Bild gehalten werden können. Reduziert man ein Farbbild auf diese wenigen Farben, so bedeutet das natürlich heftige Verluste, doch oft kommen brauchbare Farbbilder dabei heraus. Das GIF-Format hat eine weitere Besonderheit. Eine der Farben ist als »Maske« definiert. Diese Maske bewirkt, dass an den Stellen der Maskenfarbe der Untergrund der Internet-Seite hindurchkommt. Ein Freisteller, der auch für das Internet funktioniert und dank einer weiteren Eigenschaft des GIF-Formats sogar zu einer »animierten« Darstellung ausgeweitet werden könnte. Einzelne Phasen eines Objektes könnten als bewegtes Bild in einer Internet-Seite Ihr Produkt von allen Seiten zeigen. Zugegeben, es gibt inzwischen noch bessere Methoden, im Internet diese Effekte zu erzielen, doch an dieser Stelle soll die einfache Lösung zählen und die Entscheidung zu aufwändigerer und meist auch teurerer Software Ihnen und der zukünftigen Ausweitung des Internet-Auftritts überlassen werden.

Oben: Das fertige Mix-Motiv wurde auf eine Ebene reduziert um Speicherplatz in der Datei zu sparen. Zugleich wird der Hintergrund auf die gewählte Farbe gestellt.

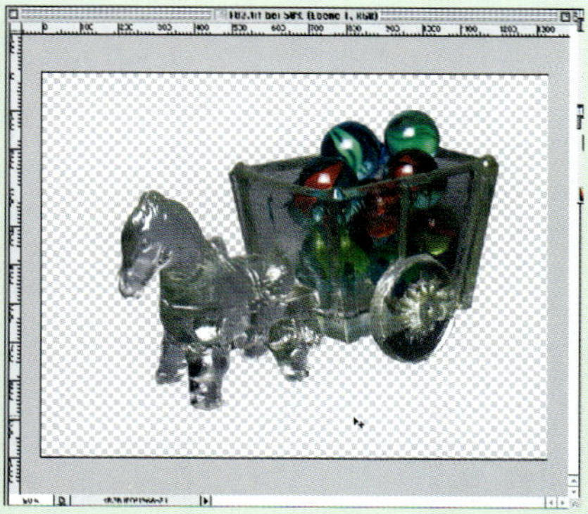

Die Umgebung des freigestellten Motivs kann nun mit dem Zauberstab ausgewählt werden. Nach Vergrößerung der Auswahl lässt es sich kopieren und auf einer Ebene ablegen. Für einen weiteren Effekt wurde die Motivfläche blau hinterlegt und mit dem Motiv gemischt. Beide Teile auf verschiedenen Ebenen im Photoshop könnten zur weiteren Verwendung in dieser Form gespeichert werden.

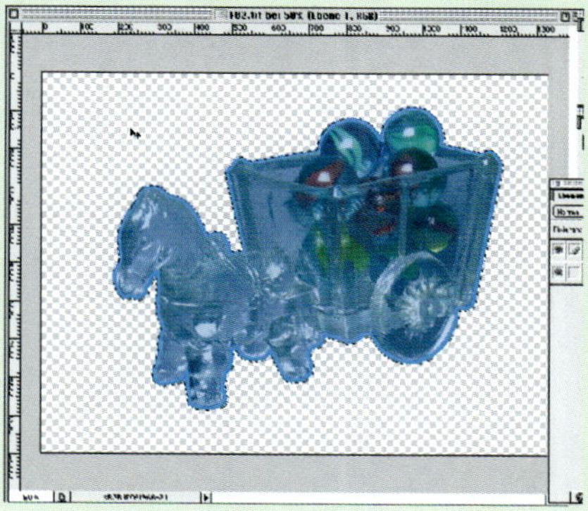

Objekte unter der »Lupe«

Kleine Objekte zeigen dem menschlichen Auge ihre Details am besten unter einer gut vergrößernden Lupe. Für die digitale Kamera gibt es etwas ähnliches wie die Lupe für den interessierten Beobachter: Die Makro-Funktion und optisches Zubehör zur Makro-Fotografie. Dabei fallen immer wieder digitale Kameras mit erstaunlichen Daten auf. Kameras, die eine Nahdistanz im Makro-Bereich bis auf 2 cm vor der Frontlinse zu fokussieren gestatten.

Der Abbildungsmaßstab im Makro-Bereich hängt von der Brennweite und dem »Auszug« ab. Dabei versteht man unter dem Auszug vereinfacht gesagt die Distanz zwischen der Hinterlinse des Objektivs und der »Filmebene« (Bildchip-Ebene). Nur für Besitzer einer digitalen Kleinbild-Kamera ist dieses Wissen wichtig, denn sie können mit Zwischenringen oder einem Balgengerät das volle Programm der klassischen Makro-Fotografie nutzen.

Da die meisten digitalen Kameras mit fest eingebauten Objektiven versehen sind, will ich mich auf diese konzentrieren. Der Makro-Modus einer solchen Kamera bewirkt, dass die Kamera auf kürzere Distanzen als die üblicherweise genutzen fokussieren kann. Unterschiedliche Freiheiten werden bei den Zoom-Objektiven eingeräumt. Mit der Makro-Tauglichkeit über den vollen Zoombereich hat man immer die vielseitigste Lösung. Mit einer derart ausgestatteten Kamera kann man im Weitwinkelbereich auf kürzeste Distanzen kommen, wobei der Abbildungsmaßstab durch die Weitwinkelbrennweite natürlich nicht so üppig ausfällt.

Die »stufenlose« Nutzung der Makro-Funktion bis zur längsten Brennweite sorgt dafür, dass mit steigender Brennweite der Abbildungsmaßstab sich ebenfalls verändert. Objekte werden also mit zunehmender Brennweite immer größer abgebildet. Allerdings verändert sich auch die kürzeste Fokussierdistanz, womit ein Teil der Zunahme des Abbildungsmaßstabes wieder aufgegeben wird. In jedem Fall kann man jedoch einen guten Nutzen ziehen aus Makro-Funktionen, die auf 40 cm bis 100

Tipp:

Nahlinsen für den Makrobereich

Herkömmliche (alte) Nahlinsen sind nur bedingt für hochauflösende digitale Kameras geeignet. Sind viele Nahlinsen noch bei Nutzung des gesamten Formats brauchbar, so können bei extremen Abbildungsmaßstäben an den Rändern erhebliche Unschärfen auftreten. Ein Beschnitt des Formats hilft oft, bevor man besser auf eine moderne Makrolinse umsteigt.

Viel Schärfentiefe mit dem Makro auf kürzeste Distanz mit einem 35 mm Weitwinkel.

Weniger Schärfentiefe mit dem Makro auf kürzeste Distanz dem 140 mm Tele.

cm Distanz bei Brennweiten zwischen 200 und 400 mm vor allem Makro-Fotos von lebendigen Insekten vereinfachen. Für die Sachfotografie sollte man hingegen einfach den Vorteil genießen, den man aus dem größeren Aufnahmeabstand für die Platzierung des Lichts beispielsweise gewinnen kann.

Noch größere Abbildungsmaßstäbe kann man durch den Einsatz von »Makro-Linsen« erzielen. Im Prinzip der »Nahlinse« verändern diese den Aufnahmeabstand. So kommt es zu der etwas paradox scheinenden Tatsache, dass man mit einer Kamera mit Makro-Funktion und Makro-Linse je nach Brennweite Makro-Aufnahmen von Objekten machen kann (beziehungsweise die Fokussierung auf den Makro-Modus stellen muss), die sich in einer Distanz von 2 oder 3 und mehr Meter befinden.

Reliefs im rechten Licht

Münzen, Gedenktafeln und selbst eine uralte Ofenkachel können zu den Objekten zählen, die ein Relief zeigen. Flache Dreidimensionalität, die sorgfältige Beleuchtung erfordert.

Tipp:

Wachsspray gegen Hochglanz?

Ein spezielles, hauchdünn aufzusprühendes Wachsspray hält der Foto-Zubehörhandel bereit. Mit ihm kann man extrem starke Reflektion von metallenen Teilen dämpfen. Stark glänzende Metalle erhalten einen »rauhen« Überzug, der das Licht streut. In Makro-Aufnahmen ist dieser Zusatzbelag meistens nur bedingt nützlich.

Die Aufgabe

Fotografieren Sie eine oder mehrere Münzen, die Sie am besten auf der Grundplatte einer Repro-Säule platzieren. Setzen Sie die Aufnahmen mit stärker geprägten Reliefs fort.

Die Lösung

Kümmern Sie sich vorab um die absolut korrekte Ausrichtung der Kamera zum Grundbrett der Repro-Säule. Die Bildebene, in der sich der Bildchip befindet, und die Grundplatte sollen parallel zueinander stehen. Jede Verkantung der Kamera kostet Schärfentiefe und sorgt dafür, dass runde Objekte oval verformt werden.

Münzen sind in der Regel mit einem sehr flachen Relief ausgestattet. Es genügt unter Umständen das Minimum an Schärfentiefe. Eine mittlere oder sogar fast offene Blende sollte für eine ausreichend scharfe Abbil-

Weiches Licht beseitigt sämtliche Eindrücke von der Relief-Tiefe.

Seitliche Beleuchtung verstärkt den Eindruck der Relief-Tiefe durch Schattenwurf.

dung genügen. Da Münzen relativ flach sind, dafür aber direkt auf einer Unterlage wie Hintergrundkarton liegen, bildet man die Struktur des Hintergrundmaterials ebenfalls im Schärfebereich ab. Homogene Flächen sind kaum zu erzielen, wenn sich unter der erforderlichen Beleuchtung die Struktur des Kartons abhebt. Platziert man die Münze auf einer Glasscheibe (es geht auch mit einem unverkratzten Deckel einer CD-Box), dann kann man einen größeren Abstand zwischen Objekt und Hintergrund bringen, der für eine gleichmäßige Hintergrundstruktur sorgt.

Flache Reliefs hebt man mit einer flach zum Objekt gerichteten Beleuchtung hervor. Die der Beleuchtung gegenüberliegenden Seite kann umso auffälligere Schatten erzeugen, je flacher die Leuchte von einer Seite angesetzt wird. Schatten kann man ganz leicht durch einen Aufheller mildern, damit in ihnen ein wenig Zeichnung zu erkennen ist.

Die seitliche Beleuchtung ist ein »Streiflicht«, das vor allem zur optimalen Darstellung des Reliefs gebraucht wird, hebt als Nebeneffekt natürlich auch Schäden hervor. Kratzer können durch das kontrastreiche Licht erheblich auffälliger erscheinen. Kosmetische Reparaturen am Objekt selbst oder auch am Objekt in der Aufnahme sollte man nur in Betracht ziehen, wenn es dem Objekt angemessen scheint oder nicht zu einem wertmindernden Eingriff kommen muss. Hilfsmittel wie Silberputztücher sind sehr nützlich, doch manches Mal ist an Sammlerobjekten ja die »Patina« beinahe das Wertvollste.

Mit dem Wechsel zu stärker geprägten Reliefs sollten Sie die Beleuchtung weniger flach ausrichten. Je höher das Relief erscheint, um so weiter in Richtung frontaler Beleuchtung kann die Leuchte gestellt werden. Auf weiches Licht oder eine schattenfreie Beleuchtung sollte bis auf wenige Ausnahmen immer verzichtet werden, da gerade im Relief Schattenwurf für die Wirkung einer räumlichen Darstellung unerlässlich ist. Erinnern Sie sich ferner daran, dass es eine zweite »Reliefart« gibt, eine Gussform beispielsweise, in der es nicht um erhabene Formen sondern um Vertiefungen geht. Beim Relief, mehr noch bei Objekten mit Vertiefungen, sollte man sich an das Prinzip halten, dass Licht »von links oben« für den korrekten Eindruck bei der Betrachtung kommen soll. Objekte mit Vertiefungen erscheinen uns sonst auf einmal als Relief mit erhabenen, aus der Grundplatte hervorstehenden Details.

Jedes Relief sollte aus optimal ausgerichteter Kamera-Position mit mittlerer (Normal) Brennweite aufgenommen werden, um Verzerrungen zu vermeiden.

Beispiele weicher und extrem betonter Beleuchtung, die das Relief verstärkt.

Motive sollten individuell beleuchtet werden, wie das betonte Profil zeigt.

Repro im Mini-Format

Flach, winzig und manchmal doch mit filigranen Motiven ausgestattet, die man in diesem Format kaum erwartet. Briefmarken stehen im Mittelpunkt der Arbeit. Im Grunde genommen eine Reproduktion mit Vorgaben, die man für andere Fälle ableiten kann, aber auch mit Besonderheiten, die nur mit diesen kleinen »Wertpapieren« zu tun haben. Wertvolle Stücke muss man angemessen vorsichtig behandeln.

Jugendstil-Marken von 1977 als Vorlage für extreme Makro-Abbildungsmaßstäbe.

Die Aufgabe

Platzieren Sie ein »philatelistisches« Objekt auf der Grundplatte der Repro-Säule. Als Objekt kommen Briefmarken, aber auch Blöcke, Postkarten und ganze Briefe in Frage. Das aufnahmetechnische Vorgehen verändert sich nur mit der Größe der zu fotografierenden Objekte.

Die Lösung

Briefmarken sind praktisch plane Objekte, die je nach Beschaffenheit sich auf dem Grundbrett etwas widerspenstig verhalten können. Gummierte Rückseiten der Briefmarken haben die Eigenheit, vor allem bei entsprechender Luftfeuchtigkeit für eine Wölbung der Marke zu sorgen, die sowohl die Geometrie bei der Aufnahme als auch die Schärfentiefe behindern. Eine dünne Glasscheibe ist in solchen Fällen notwendig, wenn das zu fotografierende Objekt von Wert ist. Durchschnittliche gültige »Postwertzeichen« könnte man auf einen Untergrund kleben, um auch ohne Glasscheibe vernünftige Aufnahmen machen zu können. Bei anderen Objekten, Postkarten oder Briefe, sollte es meistens keine Probleme mit der Planlage geben.

Sorgen Sie für einen korrekten Aufbau mit der Kamera, deren Bildebene parallel zur Grundplatte ausgerichtet sein muss.

Briefmarken haben überwiegend eine rechteckige Form. Diese muss weitgehend in der Reproduktion erhalten bleiben.

Mit einer mittleren Brennweite, die ungefähr dem Standard-Objektiv mit 50 mm Brennweite entspricht, dürfte man meistens die besten Voraussetzungen für eine nicht verzerrte Aufnahme haben. Mögliche Fehler sind tonnen- oder kissenförmige Verzeichnungen, die besonders an den Rändern eines rechteckigen Objekts sichtbar werden. Vor allem können sie sichtbar werden, wenn das ganze Aufnahmeformat der Kamera bis zum Rand ausgenutzt wird.

Mögliche Abhilfe bieten Kameras mit sehr hoher Auflösung, wenn man das Objekt in der Mitte platziert und aus größerer Distanz fotografiert. In der Mitte ist die Geometrie oft noch völlig intakt, wenn das Objektiv der Kamera am Rand sich schon von seinen unangenehmen Seiten zu zei-

Tipp:

Tricks für die Planlage

Papier-Objekte sind am besten unter einer dünnen Glasscheibe in die Planlage zu zwingen. Aufpassen muss man bei Marken auf die Gummierung, die trocken bleiben muss. Sonst kann man Papiervorlagen, die sich wölben, manches Mal auch durch leichtes Anhauchen auf der nach innen gebogenen Seite dazu bringen, flach aufzuliegen.

gen beginnt. Letzte Alternative bliebe der Scanner, der oft für plane Objekte in der Art von Briefmarken oder Briefumschlägen völlig ausreicht.

Achten Sie beim Hintergrund auf kontrastierendes Material, das zudem in seiner Oberflächenbeschaffenheit möglichst glatt oder nur fein strukturiert ist. Mit der Reproduktion der kleinen Briefmarken ist man voll im Bereich der Makro-Fotografie, die nicht nur das Objekt zu einer vergrößerten Darstellung aufnimmt. Die Farbe des Hintergrundes sollte neutral sein. Schwarz, Grau und Weiß sind neutrale Farben. Auf solchen farbneutralen Hintergründen wirkt jedes Objekt, jedes Foto »farbiger« und der Wirklichkeit näher. Fotos auf stark gefärbtem Hintergrund zu zeigen bedeutet, das Auge mit dominierenden Farben zu täuschen, auf denen selbst absolut perfekte Farbdarstellung falsch wirken kann, weil das Auge keine objektive »Farbabstimmung« mehr machen kann.

Einer Abbildung in Originalgröße (1:1) stehen ein paar Hindernisse entgegen, die man über die EBV auszuräumen versuchen kann. Da die digitale Kamera praktisch keine Möglichkeiten bietet, im Maßstab zu arbeiten oder den Maßstab zu berechnen, sollte man mit einem halbwegs genauen Messmittel die Originalgröße feststellen. In der EBV lässt sich über die Abbildungsgröße der Vergleich zum Original finden. Stellen Sie die Bildauflösung in der EBV auf 254 dpi, dann haben Sie ein metrisches Maß zur Verfügung. Jeder Pixel steht damit für 0,1 mm – 10 Pixel sind ein Millimeter. Eine 8 Megapixel-Kamera mit 3264 Pixel, wie sie für die Marken auf dieser Seite verwendet wurde, kann bei der genannten Auflösung ein Bild von 326,4 mm Länge auf das Papier bringen. Die Marke ist etwa 25,5 mm breit und wurde mit einer Breite von 132 mm aufgezeichnet (Maßstab ungefähr 5:1). Auf dieser Seite wurde sie mit 65 mm Breite abgedruckt, das ist immer noch ein Maßstab von ungefähr 2,55:1 und damit mehr als die zweieinhalbfache Größe. Linear und damit auf eine Seite, nicht auf die Fläche bezogen. Genau wie die EBV bei prozentualer Skalierung auch auf die Seite bezogen rechnet.

Jugendstil-Marke in einem Block der Deutschen Bundespost von 1977. Der 8 Millionen Pixel Sensor erlaubt, nur einen Teil des Aufnahmeformats zu nutzen. Links: Ausschnitt mit Hilfe einer 4-fach Nahlinse.

Schwarz wie...

...die Nacht, ein Kohle-Brikett oder auch »nur« eine Kamera. Dabei steht die Kamera hier nur als Stellvertreter für alle ähnlich schwierig auszuleuchtenden Objekte im Vordergrund.

Kameras, ganz gleich aus welchem Jahrzehnt, sind eine Mischung aus unterschiedlichen Materialien. Schwarze »Belederung« ist zum Design avanciert, die Belederung zu Kunststoffmaterialien gewandelt, doch immer noch überwiegt die Farbe Schwarz. Metallische Elemente, Lackierung und vor allem die glänzenden Linsen runden die Mischung ab. Jedes Detail verlangt eigentlich nach eigenem Licht, doch in Form der Kamera muss man es auch in einem Zug schaffen.

Die Aufgabe

Fotografieren Sie eine schwarze Kamera, Jahrgang Nebensache. Blitzreflektoren an modernen Kameras sollte man aufklappen, um alle Besonderheiten von der schwarzen Oberfläche über Glasreflektion bis zu chromglänzenden Teilen im Bild zu haben.

Die Lösung

Setzen Sie als Hintergrundmaterial ein mittleres bis dunkles Grau ein. Weiße Hintergründe könnten am Boden etwas aufhellen. Diese Aufhellung würde aber nur einen kleinen Teil der Kamera wirksam erreichen. Besser ist die Aufhellung mit einer reflektierenden Fläche. Ein großer Spiegel gegenüber der Hauptbeleuchtung deckt auch größere Objekte ab. Für kleine Flächen des Objekts genügen kleinere reflektierende Aufheller. Spiegel reflektieren mehr Licht als Aufheller mit weißer Oberfläche. Sie reflektieren jedoch auch hartes Licht, das nicht bei jedem Objekt sinnvoll ist.

Tipp:

Antistatik-Spray gegen Staub

Mit einem Antistatik-Tuch, in hartnäckigen Fällen auch mit einem Spray, kann man gegen den gröbsten Staub auf einem Objekt vorgehen. Kosmetikpinsel und als letztes Mittel eine Reinigung mit Luftdruck, besser aus dem Kompressor als aus der Druckluft-Spraydose, sind die wirksamsten Reinigungsmethoden. Sie ersparen langwieriges »Ausflecken« in der EBV.

Laufbodenkamera aus dem vergangenen Jahrhundert. Aufgenommen mit einem Führungslicht von links oben, auf der rechten Seite mit einem großen Spiegel aufgehellt. Streiflicht liegt auf den Oberflächen. Es sorgt für die Erkennbarkeit des Materials, lässt aber auch die Spuren der Vergangenheit deutlich werden.

Achten Sie auf Chromteile bei einer Kamera. Diese wirken wie Spiegel und sind kaum auszuschalten. Gegen ein mittelgraues oder dunkelgraues Hintergrundmaterial heben sie sich aber gut ab. Soll eine Aufnahme später freigestellt werden, dann sollte man einen winzigen Betrag des grauen Hintergrundmaterials rund um Chromteile am Rand einer Kamera einbeziehen, da sonst die Helligkeit des Chroms nicht mehr vom weißen Hintergrund zu unterscheiden ist.

Putzmittel für das Studio
Sachfotografie ganz allgemein, insbesondere aber das Fotografieren von dunklen Oberflächen bringt unheimlich schnell kleinste Staubkörnchen und Fusseln im fertigen Bild zum Vorschein. Putzen mit Antistatik-Tüchern hilft ein wenig, meistens sorgt aber die Reibung beim Putzen mit einem Tuch dafür, dass die statische Aufladung des Objekts zunimmt und damit der Staub magnetisch angezogen wird.

Mit einer Grobreinigung mittels Tuch kann man den gröbsten Staub beseitigen. Sobald das Objekt in Aufnahme-Position gebracht ist, sollte man mit einem weichen Pinsel einzelne Staub-Hindernisse beseitigen. Streifendes Licht (Einstelllicht) kann dabei recht gute Dienste leisten, störenden Staub und Fusseln am Objekt zu entdecken. Das letzte, aber auch professionellste Mittel, ist Druckluft. Wer wenig Sachaufnahmen macht, kommt eventuell mit einer »Druckluft-Spraydose« aus, die allerdings den Nachteil hat, beim Benutzen stark abzukühlen und kaum noch Druckluft abzugeben. Wer viele Sachaufnahmen zu machen hat, ist auf Dauer mit einem kleinen Kompressor besser und erheblich billiger bedient. Geeignete Kompressoren findet man im grafischen Bedarf (für Airbrush-Technik). Diese sind mit einem Lufttank ausgerüstet und erheblich weniger laut als ein Kompressor-Kühlschrank.

Von oben: Historische Stereo-Kamera unter der Lichtwanne mit einem Aufheller auf der rechten Seite. Die Belederung tritt deutlich hervor und die Gravuren auf der Frontseite sind klar erkennbar. Mitte: SLR-Kamera mit partieller Aufhellung, um die Seiten und die Frontlinse ohne störende Lichtreflexe zu zeigen. Unten: Effekt-Aufnahme, bei der Linien, Konturen und Form deutlich werden sollten, während die Frontseite in Dunkelheit getaucht ist. Streifendes Gegenlicht aus einer oberhalb abgehängten Lichtwanne diente als einzige Beleuchtung. Knappe Belichtung ermöglicht, die Aufmerksamkeit auf bestimmte Objektpartien zu lenken.

Gezielte Reflexe

Eine kleine Lichtwanne von 30 x 30 cm diente bei diesen Beispielen als einzige Beleuchtung, um zu zeigen, wie geringe Veränderungen die Reflexe und damit die Wirkung einer Glasvase verändert. Zugleich ist zu erkennen, wann die Eigenfarbe des Glases am besten wirkt und wie selbst Schatten in der Objektfarbe erscheinen, wenn das Glas »durchleuchtet« wird.

Die meisten Beispiele wurden mit der Lichtwanne gemacht. Erkennbar an flächigen und weichen Reflexen. Einige Aufnahmen entstanden mit der Leuchte ohne Lichtwanne. Die drei mittleren Bilder in der unteren Reihe zeigen die harten und kleinen Reflexe dieser Beleuchtung. Das letzte Bild in der unteren Reihe (rechts) entstand mit dem eingebauten Blitz der digitalen Kamera. Harte Reflexe und eine Beleuchtung, die für den schlimmsten Fall genügt. Im Hintergrund zeigt sich ein scharf begrenzter Schatten. Er beweist, dass der eingebaute Blitz seitlich und in der Höhe zum Bildformat versetzt eingebaut ist. Für gezielte Reflexe bedingt brauchbar, für gezielte Veränderung der Reflexe jedoch völlig unzureichend. Nur mit einer frei beweglichen Leuchte lässt sich vergleichbar mit den Reflexen »spielen«. Eine weiche Grundausleuchtung kann man trotzdem einsetzen. Das Führungslicht, das auch für die stärkeren Reflexe zuständig ist, sorgt für die Betonung von Formen und Flächen. Eine Überstrahlung sollte man immer vermeiden. Der gezielte Reflex ist jedoch oft sehr wichtig, um das Material des Objekts richtig darzustellen und dem Objekt einen guten Kontrast, eine brillante Wiedergabe zu verleihen.

Oben: Stark seitliche Beleuchtung von der linken Seite. Unten: Weiches Licht aus der Lichtwanne aus einer hohen Position oberhalb der Vase.

Oben: Licht aus der Lichtwanne aus einer vorgezogenen seitlichen Position. Unten: Hartes Licht von links oben aus größerer Distanz.

Oben: Lichtwanne von oben aus naher Distanz. Unten: Die harte Beleuchtung wurde nach hinten verlagert, Reflexe sind reduziert.

Oben: Weit vorgezogenes senkrechtes Licht aus der Lichtwanne. Unten: Hartes Licht fast aus der Kameraposition wirft einen Farbschatten.

Schmuck

Links: Hartes Licht von einer Seite zieht Reflexe und Schatten nach sich. Besser die Beleuchtung im Lichtzelt (unten). Für den »Hintergrund« sollte man sich z.B. Styropor-Steckplatten zurechtlegen, die unterschiedlich gefärbt sein können.

Silber, Gold und Edelsteine stellen den Produkt-Fotografen vor eine »Sammlung« unterschiedlicher Probleme. Unterschiedliche Formen sorgen vor allem im Metall dafür, dass es immer wieder extrem helle Reflexe, aber auch dunkel (schwarz) wirkende Bereiche gibt. In der Ausleuchtung muss man auch im Lichtzelt darauf achten, diese Wirkungen den Formen des Objekts anzupassen.

Die Farben und Farbvarianten auch des Metalls wirken vor dem Auge des Betrachters in manchen Fällen als Täuschung. So kann bei einem zu sehr in rote Farbtöne gehenden Hintergrund Gold leicht wie eine »billigere« Legierung wirken. Neutrale Hintergründe (Weiß, Grau, Schwarz) sollte man somit bevorzugen.

Farben, Reflexe und mehr oder minder durchsichtiges Material begegnen einem bei den Mineralien im Schmuck. Opale z.B. verbergen im falschen Licht ihre Farbigkeit unter einer »Glanzhaut«. Farblose Steine müssen Lichtreflexe erhalten, damit sie ihrem Schliff entsprechend »sichtbar« werden. Schon per Augenschein dunkel wirkende Mineralien erfordern eine ausgewogene Belichtung, damit ihre Eigenfarbe sichtbar wird, ohne dass die »Umgebung« (das Metall der Fassung) zu hell wird. Hier lohnt eine Belichtungsreihe, die in der EBV nachbearbeitet wird. Ein eher dunkler Hintergrund sorgt in diesem Fall dafür, dass sich eine Überstrahlung im Bild in Grenzen hält. Dunkle Steine in durchbrochener Fassung fotografieren sich leichter als Steine in Vollmetall-Näpfchen.

Nur im diffusen Licht sind die Farben des Opal gut erkennbar. Liegt zuviel Licht auf der Oberfläche, dann werden die Farben zu blass.

Uhren

Uhren im Allgemeinen lassen sich einfach aufnehmen, Uhren im Speziellen machen etwas mehr Mühe. Mit den speziellen Uhren sind alle jene gemeint, die hinter einem Glas geborgen sind. Taschenuhren, Armbanduhren und selbst jene Uhren, die vollen Einblick unter einem Glassturz gewähren.

Plane Uhrgläser lassen sich mit Hilfe einer weiches Licht abstrahlenden Lichtwanne aufnehmen. Meist ist auf der Gegenseite der Führungsleuchte nur eine leichte Aufhellung notwendig.

Gebogene Uhrgläser sind praktisch immer ein Fall für ein Lichtzelt, das um das komplette Objekt so gut wie lückenlos herum zu führen ist. »So gut wie«, weil man immer eine möglichst kleine Öffnung für den Durchblick der Kamera benötigt.

Von einer absolut schattenfreien und damit auch von Reflexen freien Aufnahme möchte ich abraten. Immer muss »ein Hauch von Reflex« zeigen, wie das Glas beschaffen ist. Ein schmaler Reflex in der Nähe des Randes genügt für diesen Zweck. Achten Sie darauf, dass der Reflex »durchsichtig« bleibt und keine Details im Inneren überdeckt. Die optimale Ausleuchtung lässt sich unter stetiger Kontrolle auf dem Sucher-Monitor finden. Nur diese Ansicht zeigt, was die Kamera sieht. Fotografen mit der digitalen Spiegelreflex-Kamera haben den SLR-Sucher zur Verfügung, der als optisches Suchersystem ebenfalls exakt aus jenem Winkel das Sucherbild zeigt, den auch die Kamera sieht und für die anschließende Aufnahme benutzt.

Gebogene Uhrgläser lassen sich ohne Reflex im Glas unter dem Lichtzelt aufnehmen (links). Im weichen Licht der Lichtwanne (rechts) entsteht immer ein Reflex im Glas.

Knallig bunte Objekte (links) verlangen nach einem eher neutralen Hintergrund. In ihrer Farbigkeit eher gedämpfte Objekte, wie die Taschenuhr oben, kann man auf einem passenden »Zubehör« wie diesen Lederbeutel abbilden. Über die nüchterne und sachliche Darstellung hinaus wird das Bild durch diese Beigabe interessanter gestaltet wirken.

Feinste Konturen

Kanten und feinste Strukturen machen immer die größeren Schwierigkeiten, wenn die Absicht besteht, Freisteller auf sie anzuwenden. Die größten Probleme hat man zu bewältigen, wenn Haare im Produktbild erscheinen. Helles oder dunkles Haar unterscheidet sich praktisch nicht, wenn man einmal darauf achtet, welche Lichtsäume sich rund um ein Haar bilden. Diese sind es, bei denen man zum Freistellen nicht die optimale Grenze zum Hintergrundmaterial findet.

Die beste Lösung, trotz Haaren zu einer guten Sachaufnahme zu kommen, ist die sorgfältige Ausleuchtung eines Objektes, um zu einer Aufnahme zu kommen, an der nichts mehr korrigiert werden muss. Sonst muss man sich an Haarbüscheln orientieren und vorsichtig einzelne Haare einfach wegschneiden bei einer Korrektur. Natürlich kann man den Gesamteindruck auch dadurch verbessern, wenn man ein Modell wie diese Puppe vor der Aufnahme frisiert. Kunststoff-Haar ist widerspenstig, doch ein vorsichtiges Auftragen von wenig »Haarspray« sollte auch in diesem Fall helfen. Für genug Kontrast zwischen Haar und Hintergrund sorgt man mit hellem Hintergrund bei dunklem, mit dunklem Hintergrund bei hellem Haar.

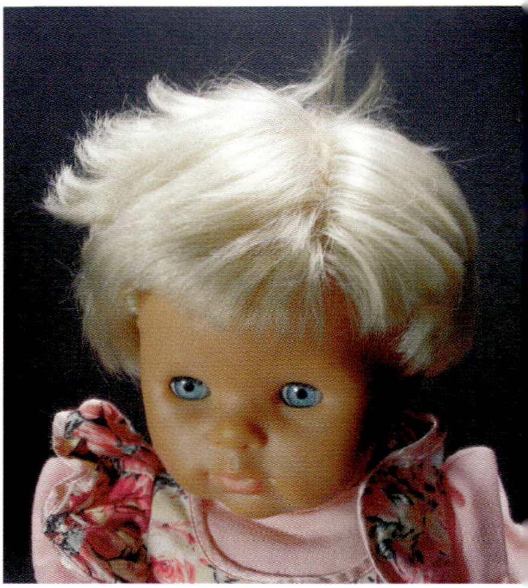

Das Kopflicht und ein dunkler Hintergrund zeigen verstärkt die Probleme auf, die sich in der Vergrößerung deutlich zeigen. Einzelne Haare, aber auch andere vergleichbar filigranen Strukturen, werden mit einem Lichtsaum abgebildet, der auch unter großem Aufwand nicht zu markieren ist, wenn man einen »Freisteller« braucht. Glatte Frisuren sind mit viel Aufwand noch freistellbar, Lockenköpfe sind nur schwer in den Griff zu bekommen.

Spielzeug – von 9 bis 90

Jeden Produkt-Shot sollte man mit der Wahl des besten (oder gewünschten) Blickwinkels beginnen. Das gilt auch für Spielzeug, egal ob als »Verbrauchsware« oder Sammlerobjekt. Nehmen Sie, wenn das Format es erlaubt, das Objekt in die Hand. Drehen und wenden Sie es, um die beste Ansicht herauszufinden. In dieser Position stellen Sie das Objekt vor die Kamera. Die anderen Handgriffe an Kamera und Leuchtenposition werden mit zunehmender Erfahrung zur Routine – mit Ausnahmen, wenn Reflexe, Abschattungen oder wie hier die »haarigen Gesellen« eine besondere Behandlung fordern.

Spielzeug darf bunter wirken, als es manchen anderen Objekten zu Eigen ist. Eher knappe Belichtung fördert die sattere Farbigkeit im Objekt. Neutrale Hintergrundmaterialien, vor allem dunkle, sorgen für mehr Brillanz im Bild. Wo eigene bunte Farbigkeit fehlt, wie im »Musterpferd«, sorgt Gegenlicht für die Brillanz und eine viel interessantere Darstellung eines an sich eher »faden« Objekts.

Das Gegenlicht dominiert in dieser Aufnahme, die im Vordergrund nur wenig aufgehellt ist.

Achten Sie bei der Positionierung der Spielzeuge auf die richtige »Augenhöhe«. Sammler wie Kinder sehen den Objekten »in die Augen«. Völlig falsch wäre es, diese Objekte auf den Boden zu stellen und von oben herab aufzunehmen. Eine solche »Luftaufnahme« wäre nur sinnvoll, wenn man ein Objekt wie eine Spielzeug-Eisenbahn neben den Detail-Aufnahmen als Landschaft in der Übersicht zeigen will. Auch diese Übersicht sollte nicht zu hoch angesetzt sein. Mit dem Weitwinkel aus leicht überhöhter Sicht und einem Teil, den man im Vordergrund betont, wäre eine interessante Lösung gefunden.

Das »Bären-Kabinett« wurde mit einer von vorn eingesetzten Lichtwanne weich ausgeleuchtet. Bei gekippter Lichtwanne kann man mit flexiblem Verlauf den Hintergrund abdunkeln.

Bilder an der Wand

Erinnern Sie sich an das Prinzip der Reproduktion mit Hilfe einer »Reprosäule«? Kleine Gemälde – vielleicht bis zu einem Format nahe DIN A4 – kann man auf das Grundbrett einer solchen Anlage ausrichten und damit nach dem selben Prinzip reproduzieren. Für größere Objekte kippen Sie das Prinzip um 90°. Das »Grundbrett« ist die Wand. Je nach Objekt genügt ein Nagel, um ein Bild aufzuhängen, oder man denkt sich eine Befestigung aus, die das Bild kippsicher an der Wand fixiert. Prüfen Sie die Wand, ob sie wirklich senkrecht ist. In einem zweiten Schritt wird mit ausreichendem Abstand die Kamera aufgestellt. Prüfen Sie, ob die Waagerechte und die Senkrechte der Kamera exakt ausgerichtet ist. Nicht jeder Hersteller verrät zu seinen Kameras die Lage des Chips, nicht jedes Kamera-Design ist so »kantig«, dass jeder Zweifel ausgeschlossen ist. Ein Raster an der Wand aus senkrechten und waagerechten Linien kann helfen, die beste Ausrichtung zu finden. Nur mit professionellen Reproanlagen mit Horizontalkamera wird man die exakte Ausrichtung treffen. Mit Stativ und Wand in den eigenen vier Wänden sollte man sich mit einer Genauigkeit um 1° sehr zufrieden geben. Alle winzigen Verzerrungen kann man später immer mit der EBV ausgleichen.

Letzte Aufgabe perfekter Ausrichtung ist die Aufstellung der Leuchten. Halogenleuchten in ausreichendem Abstand sind genauso gut wie die semiprofessionelle Blitzanlage mit Einstelllicht. Wichtig ist nur, dass beide Lichtquellen gleich stark sind. Der Abstand zur Wand und seitlich zum Objekt sowie der Winkel zum Objekt sollten so gut wie identisch sein. Hat man tiefe Rahmen aufzunehmen, so empfiehlt sich, den Abstand zur Wand größer zu wählen.

Die Position der Leuchten entspricht der klassischen Repro-Beleuchtung und bietet damit eine praktisch schattenfreie Ausleuchtung. Sollen Strukturen in der Oberfläche

Die Reproduktion von Gemälden setzt sorgfältige Ausrichtung der Kamera voraus, damit es nicht zu Verzeichnung kommt.

Vorsicht vor zu viel EBV. Stets sollte man prüfen, ob Kontrast und Farbsättigung annähernd dem Original entsprechen.

eines Gemäldes sichtbar werden, so muss mit einem seitlichen Streiflicht gearbeitet werden. Ähnlich wie für Relief-Aufnahmen. In jedem Fall wird man das seitliche Streiflicht brauchen, wenn man Details wie die Signatur des Malers abzubilden.

Die professionelle Reprotechnik bedient sich zur korrekten Darstellung der Farben verschiedener Farbtafeln, die man am Rand neben das Bild stellt. Gleicher Beleuchtung ausgesetzt, können solche Farbfelder der exakten Anpassung der Farben dienen. Vorsicht vor zu satter Farbe, die jede Gemälde-Reproduktion verdirbt.

Auch wenn sie nur schwer lesbar ist, gehört die Signatur eines Gemäldes zu den wichtigen Informationen, die man im Bild zeigen sollte.

Möbel vor der Kamera

Kleine, große, helle, dunkle und Möbel mit überraschendem Zubehör – viel größer ist die Auswahl an zu lösenden Problemen bei Möbelstücken kaum. Interessant sind vor allem die großen, die schweren Möbel, die man in den meisten Fällen an Ort und Stelle fotografieren muss.

Die idealen Voraussetzungen findet man, wenn ein Raum ausreichend groß ist, um mit normaler Brennweite ein Objekt formatfüllend ins Bild zu bekommen. In jedem anderen Fall muss man zu Weitwinkel- und Superweitwinkel-Brennweiten greifen, um bei kurzer Distanz in einem Zug ein Bild entstehen zu lassen. Anhaltspunkt für die Praxis: Mit einem 28 mm Weitwinkel bekommt man aus dreieinhalb Meter Distanz eine etwa 4 m breite Schrankwand mit etwa 2,30 m Höhe frontal auf das Bild.

Die nächste Hürde ist die Beleuchtung. Noch einmal auf dem »schlimmsten Fall« bezogen bedeutet das, bei Tageslicht ziemlich sicher einen zu starken Lichtabfall in der Tiefe des Raumes zu haben. Je eine Leuchte von Links und von Rechts kann genügen (eventuell indirekt über eine aufhellende Fläche gelenkt). Streifendes Licht

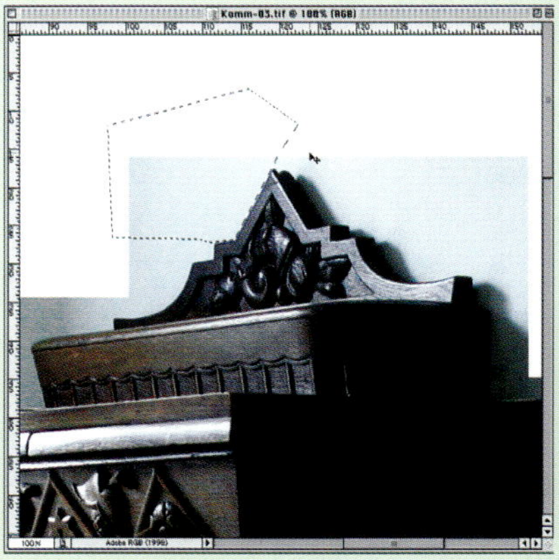

Stufen der Bereinigung und Nacharbeit in der EBV. Das Ausgangsbild (links unten) wird mit einfachem Auswahl-Werkzeug (Rechteck) und Löschtaste auf eine vorher festgelegte Farbe (in diesem Fall Weiß) bereinigt (oben). Darunter ein Bildschirm-Schnappschuß mit der Markierung eines Teilbereiches. Dieser wird mit einem Werkzeug wie dem »Lasso« markiert, mit dem man in kleinen Schritten entlang der Aussenkante des Objekts die Markierung festlegt. Man arbeitet bei kräftig vergrößerter Bildschirmanzeige, um möglichst genau markieren zu können. Jede geschlossene Auswahl wird auf die selbe Farbauswahl (Weiß) gelöscht. Nach dem Freistellen kann man das Objekt in einem Zug markieren (Zauberstab) und eventuell weiteren Funktionen unterziehen.

lässt bei vielen Möbelstücken besonders gut die Maserung des Holzes auch bei dunkler Farbe erkennen.

Verzeichnung durch extreme Weitwinkel-Brennweiten lassen sich in Grenzen mit der EBV korrigieren. Mittlerweile gibt es Software (frei im Internet, z.B. De-Fish oder kommerziell von Andromeda), die nach Eingabe der Brennweite die perspektivische Wölbung des Objektivs geradestellt.

Zu den Sonderfällen der Möbel-Aufnahme gehören jene Möbelstücke, die mit Glas oder Spiegel versehen für Reflexe sorgen. Eine leicht schräge Position der Kamera ist nötig, um die Reflexe nicht im Bild erscheinen zu lassen. Spiegel zeigen immer einen Blick in das Zimmer. Wieder hilft die schräge Position der Kamera, damit die Kamera und der Fotograf nicht selbst im Spiegelbild erscheinen. Spannt man ein großes Tuch zwischen Spiegel und der darin sonst sichtbaren Wohnung, dann sieht man im Spiegel nur noch eine helle Fläche. Sie ist immer besser als selbst ein aufgeräumtes Wohnungsdetail in der Möbelfront.

Die Verwendung eines Weitwinkelobjektivs aus einer schräg zum Objekt angeordneten Position zieht immer eine Betonung einer Seite oder Kante nach sich. Die perspektivische Verzeichnung ist korrigierbar, doch nicht bei der Aufnahme zu vermeiden. Vermeidbar bleiben hingegen Fehler, die sich aus nicht waagerecht und senkrecht ausgerichteter Kamera ergeben. Stativ und Wasserwaage oder Winkelmesser sind zur Ausrichtung unverzichtbar.

Das Resultat: Ein sauber freigestelltes Möbelstück, in dem Details bis in die Maserung des Holzes erkennbar sind. Diese alternative Aufnahme wurde auf die selbe Weise freigestellt.

Details wie diese Schnitzarbeiten sollte man in einem eigenen Foto dokumentieren, das gerade auf Internet-Seiten auffällt. Der Betrachter muss zudem nicht eine Lupe bemühen.

Mobile Motive

Professionelle Auto-Werbefotografie bedient sich überproportionaler Technik, wenn man einmal an die Lichtwannen denkt, die weit über die Dimensionen eines KFZ hinausragen müssen. Der Semiprofi muss sich in die freie Natur begeben, will er ein möglichst gutes Bildergebnis erzielen.

Alle Beispiele entstanden bei bedecktem Himmel vor einer hellen Wand. So hat man in engen Grenzen die Möglichkeit, Lichtreflektion zu nutzen. Man muss jedoch immer reflektierende Details der Umgebung in Kauf nehmen und einen Wagen möglichst so platzieren, dass die Störungen gering und harmonisch bleiben.

Der Blickwinkel der Kamera spielt eine große Rolle, wenn es darum geht, ein Fahrzeug »dynamisch«, sportlich oder eher gemütlich erscheinen zu lassen. Tiefe Perspektive reduziert stets den Anteil der Dachregion. Nahe Distanz zu einer »Kante« lässt beim Weitwinkel diese überproportional erscheinen, während sich das Fahrzeug nach hinten stark scheinbar verlängert.

Bei kräftig geneigter Windschutzscheibe herrscht meistens genug Helligkeit im Innenraum. Sonst muss man sich einer weichen, indirekten Blitzbeleuchtung bedienen. Eine sinnvolle Idee – gerade für Angebote im Internet – kann es sein, das Kennzeichen unkenntlich zu machen. Das ist so etwas wie ein »persönlicher Datenschutz« im eigenen Interesse. Einfache Markierung in der EBV und Einfärben sollte in den meisten Fällen genügen.

Beispiele von oben: 3-Seitenansicht mit dem Weitwinkel aus tiefer und erhöhter Perspektive. Die Frontalansicht lässt das Objekt »bullig« erscheinen. Stets sollte man Details, Schäden oder wie hier den Innenraum dokumentieren, da technische Details damit auffällig werden.

Spuren-Suche

Sachfotografie besteht zu 99% aus Vorbereitung und Nacharbeit – der Rest verteilt sich auf den »Druck auf's Knöpfchen«. Mit Wattestäbchen, Reinigungsflüssigkeiten und Pinsel sind ein paar der klassischen Mittel angesprochen, die in jedem Haushalt zur Verfügung stehen. Etwas ungewöhnlicher ist der Luft-Kompressor, der vor allem gegen losen Staub und bei hartnäckiger Reibungselektrizität, die den Staub immer wieder anzieht, äußerst nützlich ist. Alle Mittel, vor allem die Reinigungsflüssigkeiten, muss man mit Zurückhaltung benutzen, um nicht den Wert eines Objektes zu mindern. Dabei denke ich nicht an den Wert eines durchschnittlichen Objektes, ich denke an Sammlerobjekte.

Eine schonende Reinigung, die vor allem für kleine Objekte und für Schmuck geeignet ist, ist ein »Ultraschall-Reiniger«. Er besteht aus einem Tank, der mit Wasser gefüllt wird, und den Behälter, der ebenfalls mit Flüssigkeit gefüllt in die Flüssigkeit des Tanks gestellt wird. Zahlreiche Mittel stehen zur Verfügung, die chemisch die Wirkung des Reinigungsgerätes unterstützen. Doch schon die Reinigung in reinem Wasser kann Wunder wirken. Intensive, aber für das menschliche Ohr praktisch nicht hörbare hohe Frequenzen wirken auf das Objekt. Es bilden sich Luftbläschen, die den Schmutz lösen und wegschwemmen. Selbst angetrocknete Farbe, wie die in Tintentanks von Tintenstrahldruckern, lässt sich lösen.

Ganz ohne Vorsicht ist auch Ultraschall nicht immer anwendbar. Geklebte oder lackierte Objekte könnten zu gründlich gereinigt werden. Auch Klebstoffe in manchen Schmuckstücken könnten gelockert werden. Chemische Mittel, die zum Beispiel gezielt gegen Oxidation wirken, müssen ebenso vorsichtig eingesetzt werden. Sie sind bei den Herstellern der Ultraschall-Geräte zu finden und wirken z. B. gegen Oxidation bei Silber bis in die Tiefen. In allen anderen Fällen ist Ultraschall auch ohne Chemie ein unschlagbares Reinigungs-Mittel, vor allem, wenn ein Objekt filigrane Strukturen besitzt.

Oberflächen können nach einer Ultraschall-Reinigung einen besonders schönen Glanz erhalten. Silber-Putztücher sind eine Alternative, wobei auch diese einen Teil der Wirkung aus der Chemie beziehen. Die klassische Haushalts-Metallpolitur Sidol wirkt bei Silber, Messing, Bronze, Kupfer und Chrom. Auftragen und vor allem später extrem gut nachpolieren sollte auch hartnäckige Beläge entfernen. Allerdings nur, wenn das pure Metall anzugreifen ist. Eine Lackierung, die oft als Metall-Schutz aufgebracht wurde, wird nicht bereinigt.

Nachbearbeitung am Computer

Fotos, die ein Produkt im Internet, in der Auktion oder auch über eine Zeitschriften-Anzeige verkaufen helfen sollen, sollten authentisch sein. Verschönerung oder kreative Darstellung sind die Mittel der Werbung, aber auch die kann sich nicht leisten, Dinge optisch darzustellen, die nicht annähernd der Wahrheit entsprechen.

Für den Sachfotografen bedeutet das, schon bei der Aufnahme darauf zu achten, dass eine möglichst sachliche Darstellung in seinen Bildern zu erkennen ist. Farbliche Übereinstimmung kann er im Vergleich von Original und Bildschirmdarstellung, zum Beispiel im Internet-Explorer, prüfen.

Korrekturen am Objekt vor der Aufnahme verbieten sich manchmal von selbst. Vor allem »antike« Gegenstände könnten an Wert verlieren, wenn man sie wenig fachmännisch aufbereitet. Ebenso verbietet sich die »Aufbereitung« in der EBV, der Elektronischen Bildverarbeitung, die Kratzer ebenso ausbügeln könnte, wie sie fehlende Ecken ersetzen oder einem Objekt mehr Glanz verleihen könnte.

Trotz aller Vorwarnungen bleiben einige Möglichkeiten der Nachbearbeitung. Auf grundsätzliche Eingriffe soll in diesem Kapitel eingegangen werden. Kunstgriffe, die legal sind und Funktionen, wie sie wohl jede etwas bessere EBV-Software anbietet. Viele Tipps beziehen sich auf den Adobe Photoshop beziehungsweise das preiswertere Adobe Photoshop Elements. Die meisten Basis-Funktionen arbeiten in anderen EBV-Programmen ähnlich.

Der optimale Kontrast

Eine nicht ganz perfekte Beleuchtung, eine Belichtung, die auf eine falsche Stelle im Bild abgestimmt wurde und selbst ein Farbkontrast, der sich erst im fertigen Bild auf dem Bildschirm des Computers als misslungen herausstellt, kann Ursache für Mängel am Kontrast sein. Vorweg geschickt sei, dass man nicht nur an sich selbst, sondern vor allem an die vielen mehr oder minder

Standard-Bild, das für die folgenden Veränderungen mit der EBV immer wieder zur Grundlage genommen wurde.

richtig eingestellten Monitore denken sollte, deren Besitzer es nicht besser können oder wollen. Ideal wäre es, den eigenen Bildschirm erst einmal zu kalibrieren. Mittlerweile gibt es halbwegs preiswerte Geräte, mit denen man das bewerkstelligen kann.

Die Alternative zum kalibrierten Bildschirm ist seine Einstellung auf hohe Helligkeit und sehr hohen Kontrast. Zumindest an der Helligkeit sparen viele, die den vorzeitigen Verschleiß (zu Recht) scheuen. Gut, wenn man mittels Knopfdruck zwischen zwei Voreinstellungen des Bildschirms wechseln kann. Eine ideale Einstellung mit 100% Kontrast und 80% Helligkeit und eine »sparsame«, die vielleicht mit 60% Kontrast und 40% Helligkeit auskommt, sind ein guter Anfang.

Brillante Bilder sollten in beiden Einstellungen gut beziehungsweise halbwegs gut zu erkennen sein. Kein reines Weiß, keine maximale Helligkeit in den hellsten Stellen und in den dunkelsten Stellen immer noch genug Zeichnung, die von den Minimum-Werten und auch vom Kontrast abhängt. Es hat wenig Sinn, wenn man in den Grenzbereichen mit nur wenigen Prozenten Abstand zwischen einzelnen Helligkeitsstufen arbeitet. Zu dunkel eingestellte Monitore zeigen in diesen Bereichen keine Einzelheiten mehr. Reines Weiß darf in kleinen Partien vorkommen, als Spitzlicht in glänzenden Objekten beispielsweise, die ohne diesen grellen Lichtpunkt sonst zu stumpf aussähen.

Alle zur Verbesserung des Kontrastes empfehlenswerten Funktionen sollte am RGB-Bild vorgenommen werden. Auch die Korrektur am Lab-Format bringt Erfolg, wenn man sich in diesem Fall auf den Helligkeitskanal beschränkt. Greift im RGB-Bild die Korrektur an Farbkanälen an, so

Kontrast um 60% vermindert. Das Histogramm zeigt den Bildinhalt auf relativ wenige Graustufen reduziert.

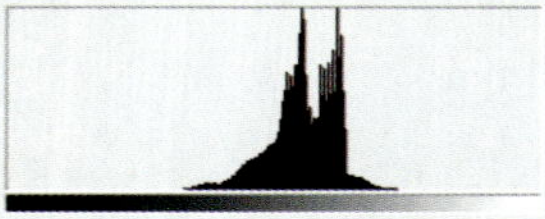

Kontrast um 40% vermindert. Der Umfang an Graustufen ist auf den mittleren Bereich konzentriert.

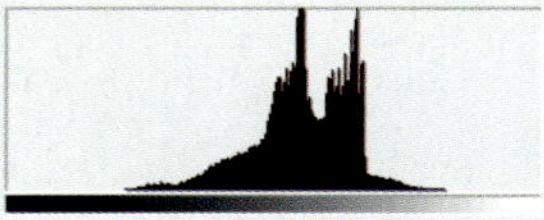

Kontrast um 20% vermindert. Das Histogramm zeigt deutlichen Beschnitt in den Lichtern und in den Schatten.

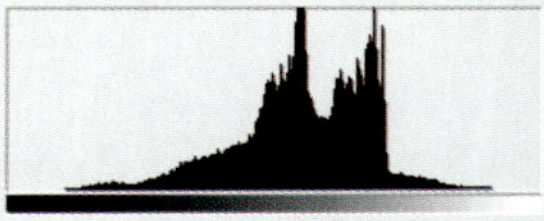

wird im Lab-Format der Farbanteil nicht berührt. Die wichtigsten Funktionen zur Kontrast-Beeinflussung sind:

✘ Helligkeit / Kontrast

Mit prozentualen Veränderungen von ±100% kann man das Bild »härter« (kontrastreicher) oder »weicher« (kontrastärmer) machen. Zeigt die EBV-Software ein Vorschaubild, das sich während der Veränderung analog dazu verändert, dann hat man jederzeit die Kontrolle der Beeinflussung vor Augen.

An einem ausgeglichenen Bild, in dem gut verteilt alle Helligkeitswerte enthalten sind, lässt sich mit Hilfe des Histogramms prüfen, was eine Kontrastveränderung bewirkt. Wird der Kontrast erhöht, dann werden über den gesamten Bereich der Helligkeiten vom Wert »Null« (Schwarz) bis zum Wert »255« (Weiß) in gleichmässigen Abständen benachbarte Helligkeitswerte zusammengezogen. Es entsteht ein lückenhaftes Histogramm.

Wird der Kontrast niedriger eingestellt, weicher gemacht, dann werden die Helligkeitswerte in der Mitte des Histogramms zusammengedrängt. Mit steigendem Einfluss verschwinden links und rechts im Histogramm die »Tiefen« (dunkle Anteile) und »Lichter« (hellste Bildanteile) zu gleichen Teilen.

✘ Tonwertkorrektur

Eine gute Methode zur Prüfung des Spielraums in einem Bild ist, unter Anzeige der Vorschau den »Kontrastregler« der EBV zu verschieben. Im Photoshop ist dazu die Tonwertkorrektur bestens geeignet. Sie zeigt ein Histogramm mit drei Reglern (Tonwertspreizung) und dazu eine Graustufenskala mit zwei Reglern (Tonwertumfang).

Die drei Regler der Tonwertspreizung stehen bei Aufruf der Funktion in den Grundeinstellungen mit je einem Regler Links (Tiefen), in der Mitte (mittlere Grauwerte) und Rechts (größte Helligkeit). Wie die Bezeichnung »Spreizung« schon vermuten lässt, wird durch diese Regler der Vorrat an »Graustufen« begrenzt und umverteilt. Der linke Regler, zuständig für die dunkelsten Bildanteile, lässt sich nach Rechts bewegen. Alle Werte, die links von ihm liegen, werden zu reinem Schwarz.

Kontrast um 20% erhöht. Das Histogramm zeigt rechts verminderte maximale Helligkeiten.

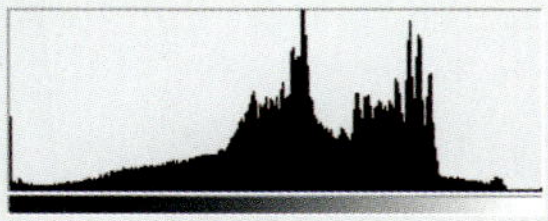

Kontrast um 40% erhöht. Im Histogramm werden kammartige Einschnitte erkannbar.

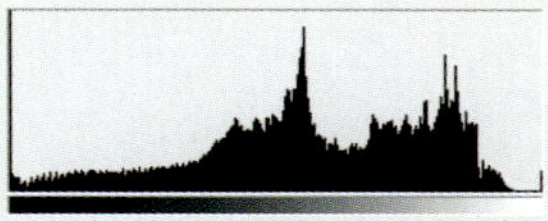

Kontrast um 60% erhöht. Deutliche kammartige Einschnitte, die auf Lücken in den Helligkeitswerten hinweisen.

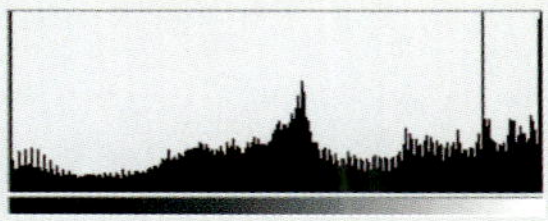

Der rechte Regler schlägt immer mehr helle Graustufen dem reinen Weiß zu, je weiter man ihn nach links bewegt.

Beim mittleren Regler interessieren zwei Bewegungsrichtungen. Nach links verschoben, schiebt er dunkle Graustufen in den Vorrat heller Graustufen – das Bild wird heller. Schiebt man den Regler nach Rechts, dann werden immer mehr helle Graustufen der linken (dunklen) Hälfte des Histogramms zugeordnet. Mit dem Ergebnis, dass das Bild dunkler wird.

Der Tonwertumfang lässt sich nur mit zwei Reglern beeinflussen. Schiebt man den linken Regler nach Rechts, dann wird reines Schwarz auf hellere Graustufen des dunklen Bereichs begrenzt. Schwarz kann nicht mehr »rein Schwarz« abgebildet werden. Der rechte Regler wirkt vergleichbar auf die reinen Weißtöne. Schiebt man diesen Regler nach links, dann wird kein reines Weiß mehr erzielt. Die hellsten Stellen im Bild erhalten ein lichtes Grau. Automatik-Funktionen der Tonwertkorrektur benutzen eine Voreinstellung (0,5%), die den Tonwertumfang begrenzt.

Jede Veränderung des Kontrastes lässt sich wiederholt anwenden. Immer wird der optische Eindruck der Veränderung am Bildschirm als »Verbesserung« empfunden, auch bei mehrmaliger Anwendung. Man darf aber nicht übersehen, dass zu starker Eingriff zu einer Art Tontrennung führt. Sanft verlaufende Grauwerte werden dann auf einmal zu wenigen, kräftig abgestuften Grau-Inseln (Zwiebelscheiben) reduziert, die keinem Bild gut tun.

✘ Gradationskurven

Schwierig zu handhaben ist die Korrektur mittels »Gradationskurven«. Sie haben ihren Ursprung in rein fotografischen Verfahren. Weitergehender als bei der Tonwertkorrektur steht der gesamte Graustufenbereich in einer »Linie« zur Verfügung, die

Anwendung der Gradationskurve. Oben eine ideale S-Kurve mit hohem Kontrast. Darunter Varianten, die zeigen, wie stark man mit Aufteilung und unterschiedlichen Kurven Farben und Kontraste zu kreativen Farbverfremdungen ausnutzen kann. Der linke Kurvenbeginn be-

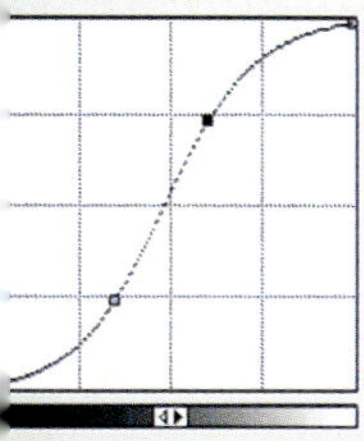

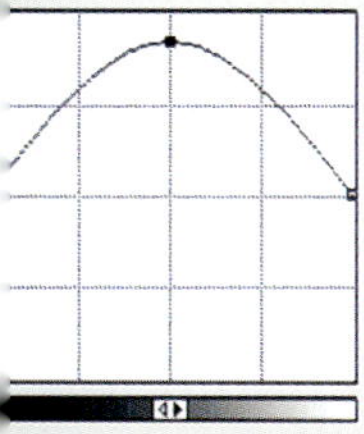

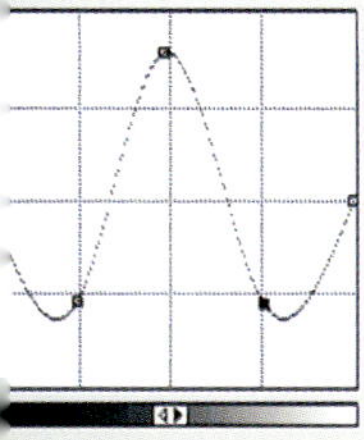

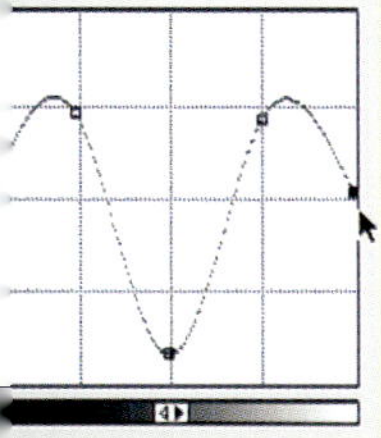

einflusst die Tiefen (dunkelste Farben bzw. Helligkeit), der rechte Bereich wirkt auf die Lichter (hellste Bildanteile).

sich mehrmals unterbrechen lässt und zwischen den einzelnen Stützpunkten verändert werden kann. Die »ideale« Kurve sollte S-förmig sein, wenn das ursprüngliche Bild sehr weich oder flau ist und zu einem brillanten Bild mit ausreichendem Kontrast zu verändern ist.

Vertauscht man Anfang und Ende der Geraden in der Funktion Gradationskurve, dann entsteht ein Negativ. Aufgeteilte Kurven, die zudem »falsch« angewendet werden, erzeugen grafisch anmutende Effekte beziehungsweise Effekte, die zum Beispiel dem einer Solarisation ähnlich sind.

✘ Bildberechnungen

Mit der Funktion »Bildberechnungen« hat der Adobe Photoshop eine Besonderheit zu bieten, die bei Problemfällen angewendet werden kann. Ein Bild kann »gegen sich selbst« berechnet werden, wobei verschiedene logische Operationen gewählt werden können. Operationen wie »hartes Licht« oder »weiches Licht« wirken ihrer Be-

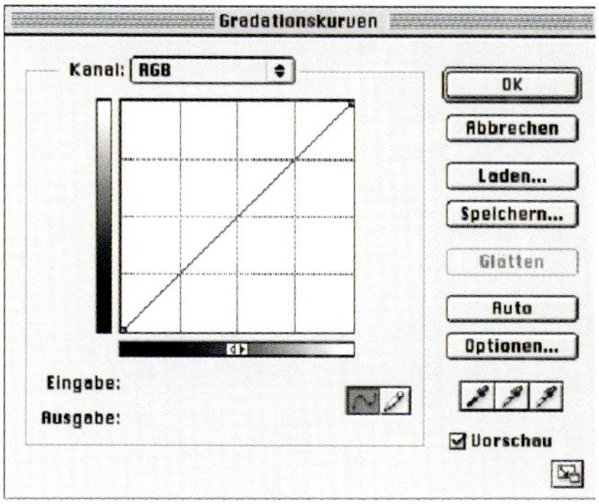

Komplettes Fenster zur Einstellung der Gradationskurve im Photoshop.

zeichnung entsprechend und können in ziemlich weiten Grenzen ein hartes Bild weicher machen, ein flaues Bild kontrastreich. Die Funktionen wirken vor allem in den Minimal-Werten (Schwarz) und Maximal-Werten (Weiß). Durch Umkehr eines Teils der Berechnung zum »Negativ«, kann die Anwendung von »weiches Licht« insbesondere die Schatten aufhellen. Anschließende Feinkorrektur mit dem Kontrastregler führt meistens zu deutlicher Verbesserung.

Die Bildberechnung in Kombination mit einem Positiv und einem Negativ hellt in der Funktion »weiches Licht« die Schatten auf. Im Vorschaubild kann man die Wirkung zwischen 0 und 100% kontrollieren, bevor man die Berechnung zum veränderten Bild vollziehen lässt.

Zu hell, zu dunkel?

Moderne digitale Kameras sollten eine falsche Belichtung nicht zulassen. Doch es gibt genug Kameras, bei denen eine Auslösepriorität zulässt, dass der Fotograf ein Bild aufnimmt, obwohl die Kamera ihn vor einer Unter- oder Überbelichtung gewarnt hat. Es gibt zudem das »Belichtungsprogramm M«, wobei das »M« für »Manuelle Belichtung« steht. Hier kombiniert der Fotograf Belichtungszeit und Blende selbst und die Kamera löst aus. Sie zeigt zwar auch in diesem Fall drohende Fehlbelichtung, doch sie verlässt sich voll darauf, dass der Fotograf schon weiß, was er tut.

Gehen wir davon aus, dass ein Fehler dieser Art passiert ist. Die sauberste Lösung wäre, die Aufnahme zu wiederholen. Nur der Zeitaufwand für eine erneute Einrichtung der Sachaufnahme könnte Grund sein, nach einer schnelleren Lösung mittels EBV zu suchen. Mehr noch könnte es ein triftiger Grund sein, wenn die Aufnahme aus anderen Gründen nicht mehr wiederholt werden kann. Zum Beispiel, wenn auf das Objekt nicht mehr (in kurzer Zeit) zurückzugreifen ist. Wie weit kann man die Leistung der EBV strapazieren? Oder anders gefragt, wie viele Blendenstufen sind noch vernünftig, was passiert, wenn die »zumutbaren« Grenzen der Belichtungskorrektur mittels EBV überschritten werden?

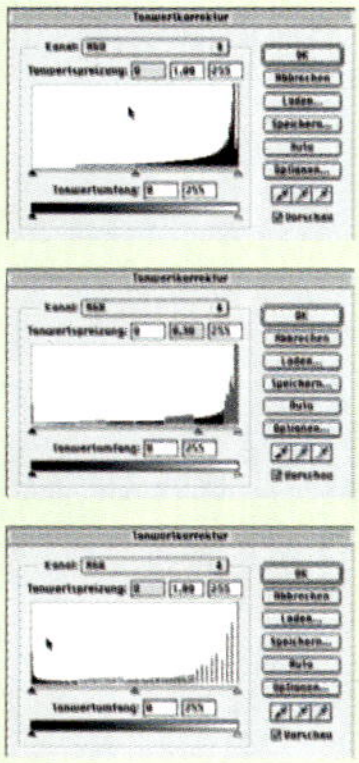

Blende 4 Zeit 3,2 s Histogramme vor, bei und nach Korrektur. Zuviel Details sind überbelichtet und nicht mehr zu retten.

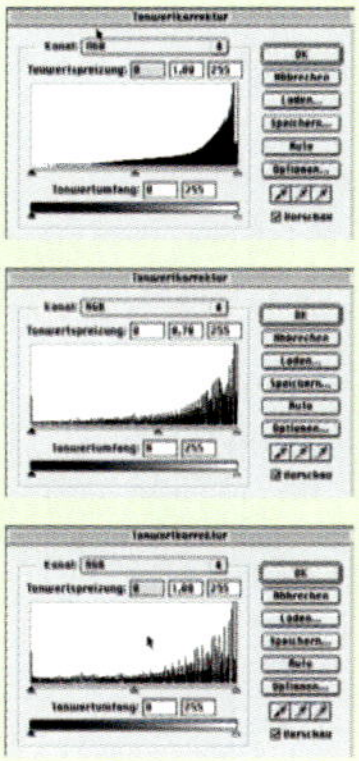

Blende 5,6 Zeit 3,2 s Histogramme vor, bei und nach Korrektur. Als Effektbild nach Auto-Korrektur evtl. zu gebrauchen.

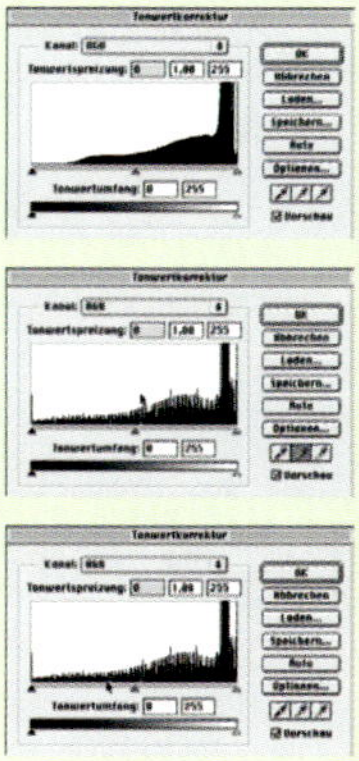

Blende 8 Zeit 3,2 s Histogramme vor, bei und nach Auto-Korrektur. Brauchbar als helle Variante nahe korrekter Belichtung.

Digitale Aufnahmen haben einen Belichtungsspielraum, wie jede Fotografie an sich. Digitale Kameras haben eine »interne Farbtiefe«, die letztlich ein Maß für die »Dynamik«, für den Belichtungsspielraum ist. 12 oder 14 Bit Farbtiefe versprechen umfangreichen Belichtungsspielraum, doch der steht genau genommen außerhalb der Kamera nicht zur Verfügung. Lediglich eine Farbtiefe von 8 Bit pro Kanal wird von der Kamera herausgegeben oder ist in einer EBV tatsächlich zu beeinflussen. 8 Bit oder 256 Helligkeitsstufen im Bild entsprechen nun nicht viel mehr als einer Dynamik, einem Kontrastumfang von 8 Blendenstufen. Die Versuchsreihe auf diesen Seiten zeigt, dass nichts so schlimm ist, wie eine Überbelichtung. Nur in der Unterbelichtung verbergen sich noch genug Informationen, die zu einem brauchbaren Bild mit der EBV umgearbeitet werden können. Etwa vier Blendenstufen (oder EV-Stufen = Belichtungsstufen) sind zu verkraften. Noch stärkere Unterbelichtung verdirbt nicht nur die Gesamthelligkeit, auch die Farben, der Kontrast und die Homogenität von Flächen leiden. Das Bild wirkt »griesig« und körnig und in den Schatten können sich Effekte des Farbrauschens breit machen.

Die Testaufnahmen zeigen zugleich, dass man die Beleuchtung einer Aufnahme in den darstellbaren Grenzen halten sollte. Zu hohe Kontraste zwischen den hellsten Stellen im Bild und den dunkelsten wirken

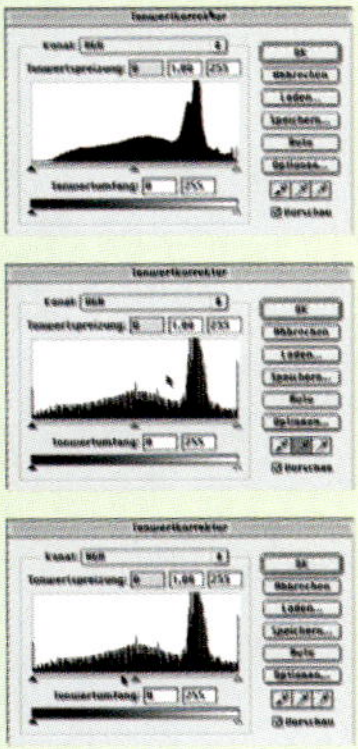

Blende 11 Zeit 3,2 s Histogramme vor, bei und nach Korrektur. Gute Ausgangslage für ein Bild, das auch ohne Korrektur verwendbar ist.

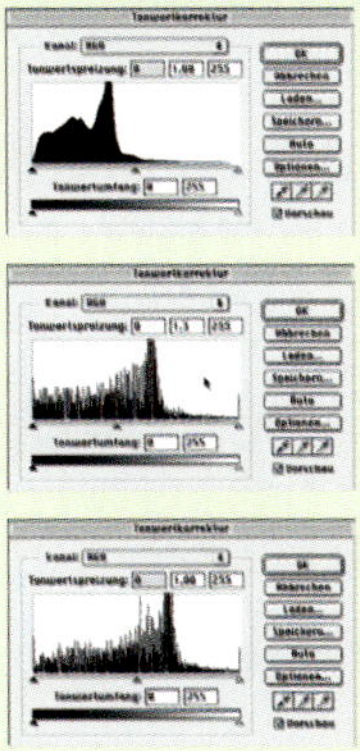

Blende 11 Zeit 0,8 s Histogramme vor, bei und nach Korrektur. Etwa 2 Blendenstufen unterbelichtet. Benötigt Helligkeit-, Kontrast- und Farbkorrektur.

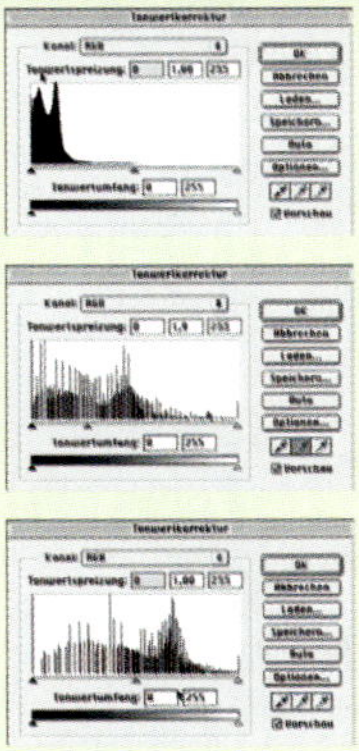

Blende 11 Zeit 0,2 s Histogramme vor, bei und nach Korrektur. Etwa 4 Blenden unterbelichtet. Bei noch stärkerer Korrektur noch brauchbar.

kaum anders, als eine Fehlbelichtung. Überschreitet der Kontrast den Spielraum von höchstens acht Blenden, dann leiden die Lichter und die Schatten.

Farbe satt oder zart?

Mit der bisher besprochenen Belichtung (Helligkeit) eines Bildes und dem Kontrast sind zwei Themen angesprochen worden, die sich auch auf die Farbe auswirken. Ob eine Farbe satt oder zart wirkt, hängt vom Motiv, der Beleuchtung und natürlich einer möglichst korrekten Belichtung bei richtig gewähltem Weißabgleich ab. Man kann aber in geringen Grenzen bei manchen digitalen Kameras auf die »Farbsättigung« Einfluss nehmen. Einfluss fast ohne Grenzen auf die Farbsättigung ist in jedem Fall in der EBV möglich.

Mit einer Korrektur mittels der Farbsättigung kann man Bilder angleichen, die optisch nicht der Vorlage, dem Objekt zu entsprechen scheinen. Ursache dafür könnte sein, dass man eine dunkle Farbe bei der Belichtungsmessung angepeilt hat, die nun dem ganzen Bild einen anderen farbigen Eindruck verleiht. Eine Korrektur der Farbsättigung kann auch angebracht sein, wenn man einen Tintenstrahldrucker mit der »Vorliebe« für satten Farbauftrag besitzt.

Tipp:

Farbsättigung normal?

Sollte die digitale Kamera eine Veränderung der Farbsättigung zulassen, meist geringfügig, dann empfiehlt es sich, sie in der Normal-Einstellung zu belassen. Mit korrekter beziehungsweise eher etwas knapper Belichtung bekommt man für die Aufnahme und ihre Farbsättigung zugleich die bessere Voraussetzung.

Oben: Weich ausgeleuchtete Aufnahme mit normaler Farbsättigung. Im Bild darunter wurde die selbe Aufnahme über die Tonwertspreizung korrigiert. Der ganze Tonwertbereich wird benutzt und das Bild ist frischer und kontrastreicher. Dieses Bild dient nun weiteren Eingriffen.

Oben: Eine um 50% reduzierte Farbsättigung lässt die Farben verblassen. Würde man dieses Bild heller einstellen, dann hätte man (beinahe) ein Aquarell. Unten: Eine Reduzierung um 100% entfernt alle Farben. Es bleibt nur ein Schwarzweißbild übrig.

Oben: Eine 50% Zugabe in der Farbsättigung lässt kräftige, fast aggressive Farben entstehen. Das untere Bild wurde mit 100% höherer Farbsättigung gespeichert. Bunte Farben wirken grafisch und flächig. Eine stärkere Farbsättigung ist praktisch nicht mehr möglich.

Nimmt man ihm die Farbe bereits in der Bilddatei weg, dann muss der Drucker auch irgendwann einmal mit sparsameren Farbauftrag reagieren.

Wer mit der Farbsättigung erst einmal begonnen hat, der wird auch das »kreative« Potenzial und seine Verwendungsmöglichkeiten entdecken. Zumindest im Photoshop lässt sich neben der Farbsättigung auch der Farbton wählen, die »Lab-Helligkeit« verändern oder ein Bild komplett anders einfärben. Vor allem die Veränderung der »Lab-Helligkeit« (Helligkeit allein wäre auch nicht falsch) ist von Interesse. Mit steigender Erhöhung der Helligkeit wird der Gesamteindruck des Bildes luftiger und ähnelt immer mehr den zarten Farben eines Aquarells.

Die stärkste Farbsättigung wirkt grafisch und lässt sich zu einer Art Aquarell mit der Helligkeitsänderung zu weicher und zarter Farbigkeit wie im Aquarell umstellen. Oben geringe, unten starke Aufhellung.

Farbstich trotz Weißabgleich?

Nicht immer passen Licht und vorgewählter Weißabgleich zueinander. Nicht immer reicht es, auf Tageslicht oder Kunstlicht eingestellt die Farbigkeit der Fotos hinzunehmen und für richtig zu halten. Vor allem Kameras ohne individuellen Weißabgleich kann man nur über eine Farbkorrektur an der digitalen Bilddatei korrigieren.

Eine einfache Form der Korrektur kann am RGB-Bild mit der Tonwertkorrektur erfolgen. Im Photoshop sind dazu neben dem Histogramm drei verschiedene Pipetten als Werkzeug vorhanden. Die mittlere ist gut geeignet, in einem Feld die Farbe zu bewerten, das im Objekt grau ist oder als neutralgrau empfunden wird. Sollte hier ein Farbstich erkennbar sein, so wird das ganze Bild neutralisiert und der Farbstich auch aus den restlichen Farben entfernt. Das Bild wird anschließend insgesamt farbrichtiger aussehen.

Farbstiche gehören eigentlich zu den einfacheren Problemen. Sie können gelblich getönt oder bläulich getönt sein. Gelb entspricht dem Kunstlicht, Blau dem Tageslicht. Bemerkt man davon abweichende Farbstiche, dann könnte es mit einer Beleuchtung zu tun haben, deren Spektrum etwas komplizierter zusammengesetzt ist. Mit Farbnuancen, die das menschliche Auge nicht sieht – oder nicht sehen will, weil seine »Erfahrungsanteile« den Fehler aus dem persönlichen Augenschein entfer-

Tipp:
RAW-Format-Aufnahmen

Mit dem RAW-Format zeichnen manche digitalen Kameras die unveränderte Information für jedes Pixel auf. Individuelle Software der jeweiligen Hersteller erlaubt die nachträgliche Veränderung meist vieler Werte. Darunter auch Kontrast, Farbsättigung, Weißabgleich und sogar bestimmte »Effekte« wie die Wandlung zu Schwarzweiß.

Farbbalance im Lab-Format. Von oben: Rotstich, Grünstich, Gelbstich und Blaustich. Ausgleich ist möglich durch Gegensteuern in Richtung der entgegengesetzten Farbe.
Rot ↔ Grün
Gelb ↔ Blau

nen. Die EBV (Photoshop) besitzt den Lab-Modus, einen Farbraum, der die Helligkeitsverteilung in einem Kanal verwaltet und die Farben in zwei anderen Kanälen. Die zwei Farbkanäle, einer trägt die Bezeichnung »a«, der andere die Bezeichnung »b«, funktionieren wie eine Waage, die in oder aus dem Gleichgewicht zwischen zwei entgegengesetzten Farben gebracht werden kann.

Der Kanal »a« sorgt auf der linken Seite dieser »Farbwaage« für eine Verschiebung nach Rot, auf der rechten Seite für eine Verschiebung nach Grün.

Der Kanal »b« lässt bei einer Verschiebung des mittleren Reglers nach Links den gelben Farbanteil verstärkt erscheinen, eine Verschiebung nach Rechts verstärkt das blaue Farbgewicht.

Beide Kanäle können sich zusätzlich gegenseitig beeinflussen. So kann eine im Kanal »b« nicht ganz perfekt ausfallende Korrektur im Kanal »a« durch Abschwächen oder Verstärken des Grün-Anteils noch besser ausfallen.

Der Umgang mit der Farbe im Lab-Farbraum liest sich komplizierter, als er in Wirklichkeit ist. Es geht nur darum, unter Sichtkontrolle am Bild in den beiden Farbkanälen die mittleren Schieber in kleinen Schritten zu verändern und notfalls zwischen »a« und »b« zu wechseln. Graue Partien im Bild sind immer ein guter Anhaltspunkt, um die Wirkung zur Neutralisierung der Farbe zu prüfen.

Tipp:

Korrekturen im Lab-Farbraum

Mit dem Lab-Farbraum wird ein Bild optimal auf einen Helligkeitskanal und zwei Farbkanäle aufgeteilt. Im Helligkeitskanal (L) sind optimale Korrekturen z.B. mit der Unscharfmaskierung möglich. In sehr feiner Abstufung kann in den Farbkanälen (ab) ein Bild auf neutrale, farbrichtige Wiedergabe abgestimmt werden. Zum Schluß wandelt man nach RGB oder CMYK.

Schärfe durch die EBV

Schärfe ist eine physikalisch nicht definierte Größe. Was als »Bildschärfe« empfunden wird, ist tatsächlich eine Kombination aus Auflösungsvermögen und Kontrast. Fehlt der Kontrast, dann »verlaufen« Details in ihrer Nachbarschaft. Fehlt es an Auflösung, dann gibt es auch keine klar getrennten Details, an denen sich der Kontrast zu beweisen hätte.

In den bisherigen Bildbeispielen wurde bereits deutlich, dass kontrastreichere Bilder irgendwie auch »schärfer« wirken. Mit den verschiedenen Methoden der »Filter-Schärfung« in der EBV werden vor allem »Kanten« angegriffen. Zwei Helligkeiten oder Farbtöne also, die relativ kontrastreich zueinander stehen. Selbst die den Profimethoden entlehnte »Unscharfmaskierung« trennt helleres von dunklerem, um den Schärfeeindruck zu verbessern. Auch in digitalen Kameras werden ähnliche Methoden verwendet, wenn man die »Nachschärfung« überhaupt einstellen kann. Die Schärfung in einer Kamera ist jedoch meistens weniger nachhaltig, als man sie in der EBV zur Verfügung hat.

Was kann die digitale Schärfung sinnvolles leisten? Sie kann vorhandene Schärfe im Bild deutlicher machen. Sie wirkt dort, wo durch vorhandene Schärfe der Kontrast brauchbar und die Unschärfezone um eine Kante nicht zu breit ist. Unscharfe Kanten, die zum Beispiel außerhalb der Schärfentiefe liegen, haben eine breitere kontrastarme Zone, in der kein Schärfungs-Algorithmus noch erkennen kann, wo die Kante in Wirklichkeit verlief und ob sich nicht sogar mehrere Kanten in dieser »mittleren Helligkeit« befinden.

Methoden der Bildschärfung, wie die vor allen anderen eigentlich zu bevorzugende USM (Unscharfmaskierung) können den Unterschied zwischen scharfen Bereichen und unscharfen Bereichen, die Schär-

Bärenscharf? Von oben: 70% USM, 120% USM, 360% USM und 240% USM. Ab 360% in diesem Beispiel wurde zuviel getan. Homogene Flächen reißen auf, was im unteren Beispiel durch den Schwellwert verhindert werden kann. In diesem Beispiel wird besonders deutlich, dass die Schärfentiefe das Ohr nicht mehr erreicht.

fentiefe somit, stark verdeutlicht sichtbar machen. Man sollte sie allerdings erst in der letzten Phase einer Bild-Nachbearbeitung anwenden. Erst wenn das Bild in seiner endgültigen Größe feststeht und auf diese Größe reduziert wurde, macht es Sinn, eine Schärfung anzuwenden. Der Hintergrund ist einfach zu verstehen. Verwendet man ein stark aufgelöstes »großes« Bild zur Schärfung, um es statt im möglichen maximalen Wiedergabe-Format von vielleicht 20 x 30 cm nur mit einem Format von ungefähr 4 x 6 cm zu nutzen, dann wirft die Veränderung der Bildgröße soviel an Daten, auch geschärften Daten, heraus, dass in der Verkleinerung des Bildes so gut wie nichts vom Schärfungseffekt mehr verbleibt. Analog dazu, wenn man nach einer Schärfung ein Bild erheblich vergrößert. Aus einem 10 x 15 cm Format vielleicht eine Postergröße von 50 x 75 cm anfertigt. Hier würden die geschärften Kanten in der Vergrößerung verbreitert, mit dem Resultat, dass wiederum die Schärfungsbemühungen nun kaum noch zu sehen sind.

Gaußscher Weichzeichner mit der Einstellung auf 4 Pixel Radius.

Weichzeichner digital

Weichzeichner sind optische Vorsätze, die es seit den Kindertagen der Fotografie bereits gibt. Sie sollen mehr oder minder starke Lichtsäume um Konturen legen. Schärfe erhalten, und für duftige Bilder sorgen. Diese Aufgabe lässt sich auch heute noch bei entsprechender Beleuchtung und Aufnahmetechnik erzielen. Genau genommen weicht der Weichzeichner scharfe Konturen auf, und genau das soll er auch in seiner digitalen Form tun. Allerdings an jedem Bild, ob gut oder weniger geeignet.

Weichzeichner am vollen Bildformat anzuwenden, birgt die Gefahr, am Ende ein Bild zu erhalten, das eigentlich nur unscharf wirkt. So wurde im Musterbild nur ein Teil als »Auswahl« markiert, in dem die interessantesten Weichzeichner-Effekte angewendet werden sollten.

Digitale Weichzeichner gibt es in großer Zahl, fast wie in der optischen Wirklichkeit, wo man auf verschiedene gläserne Vorsätze ebenso schwört, wie auf die Wirkung eines Fettfilms vor dem Objektiv oder die Wirksamkeit eines sehr dünnen Gewebes (Damenstrumpf).

Radialer Weichzeichner im Kreis-Modus, der die runde Ohrenform unterstreicht.

Erweiterung der Auswahl in den Hintergrund für die Anwendung der Bewegungsunschärfe-Funktion

Ausgangsbild für die Weichzeichner-Beispiele. Nur die Ohren sind markiert, wie dieser Screenshot zeigt.

Der »Gaußsche« Weichzeichner bietet viel Komfort durch Einstellung des Radius und die Vorschau. Noch mehr Verstellungsmöglichkeiten bietet der selektive Weichzeichner durch Radius, Schwellwert, Qualitätsstufe und Modus (nur Kanten, nur Flächen und Kombination) bei gleichzeitiger Vorschauanzeige. Ein radialer Weichzeichner bringt zudem Kreis- oder Strahlenförmigen Verlauf des Weichzeichner-Effektes.

Bewegungsunchärfe lässt die Ohren »flattern«. Rund um die Auswahl wird mehr Platz für diese Pseudo-Bewegung benötigt.

Mit »Bewegungsunschärfe« ist ein weiterer interessanter Weichzeichner-Effekt verbunden. Er täuscht eine Bewegung vor, für die man die Länge der Bewegung (Distanz) und die Richtung (Winkel) verändern kann.

Der in Foto und fotografischer Vergrößerung erzielbare Weichzeichner-Effekt ist nicht besonders einfach in der EBV zu realisieren. Alle angeführten Effekte ermöglichen jedoch Eingriffe auch am Produktshot, die eine Wirkung erzielen, wie man sie bei der Aufnahme nicht oder nicht im gewünschten Maß erreichen kann. Die Auswahl der Ohren am Musterbild zeigt bereits, dass ein Effekt partiell eingesetzt mehr Wirkung auf die Bildwirkung hat als beim vollen Bild. Selbst eine nicht sehr präzise Freistellung z. B. eines Kopfes kann den Hintergrund zur Bearbeitung verfügbar machen. Er lässt sich auf die gewünschte verwaschene Unschärfe bringen, die bei der hohen Schärfentiefe der digitalen Kamera nicht immer wie gewünscht erreicht werden kann. Die Wirkung einer stärker plastischen Wiedergabe des zentralen Motivs ist vergleichbar zu der durch Kamera-Objektiv und geringe Abblendung zumindest bei analogen Kameras erreichbaren Wirkung.

Partielle Korrektur

Alle bisher zur Nachbearbeitung am Computer beschriebenen Methoden sind als »globale« Veränderungen betrachtet worden, als Eingriff auf das komplette Bild. Nur einmal ist schon der Begriff »Auswahl« aufgetaucht, dem jedoch ziemlich viel Bedeutung zukommt. Die Auswahl umgrenzt einen Teil eines Fotos, wobei der Innenraum zur Bearbeitung verfügbar ist.

Auswahl-Varianten

Verschiedene Möglichkeiten der Auswahl werden in jeder EBV angeboten. Die Varianten im Photoshop sind:

- ✘ Rechteck
- ✘ Ellipse
- ✘ Zeile, Spalte

Jede Auswahl lässt sich mit z.B. der Shift-Taste kombinieren, wobei das Rechteck als exaktes Quadrat, die Ellipse als exakter Kreis gezogen wird.

Eine weitere Sammlung an Auswahlwerkzeugen besteht aus:

- ✘ Lasso
- ✘ Polygon Lasso
- ✘ Magnetisches Lasso

Muss man mit dem Lasso eine Auswahl bei gedrückter Maus-Taste in einem Zug zustande bringen, so erlaubt das Polygon Lasso das Setzen einzelner Stützpunkte und damit eine entspanntere Arbeit. Noch einfacher wird das magnetische Lasso, das sich von Stützpunkt zu Stützpunkt den Verlauf der Auswahl selbst sucht. Allerdings nur, wenn Voreinstellung und vor allem der Kontrast im Bild eine automatisierte Linie entlang einer kontrastierenden Kante zu finden gestattet.

Das letzte interessante Auswahl-Werkzeug in dieser Sammlung ist:

- ✘ Zauberstab

In vorbestimmten Toleranzbereichen versucht er, flächige Auswahl-Begrenzungen festzulegen. Gerade im Hintergrund ohne Details (einfarbiger Hintergrund-Karton) kann er schnell für eine Auswahl des zentralen Motiv-Hintergrundes sorgen.

Neben den schon angesprochenen Zusatzfunktionen über die Shift-Taste verbinden sich mit einer zweiten Taste und dem gewählten Werkzeug weitere Leistungen. Die wichtigsten Sonderleistungen betreffen das Hinzufügen oder Entfernen von Auswahl-Teilen, nachdem bereits Teile des Bildes ausgewählt wurden. Hinzufügen und Abziehen von Teilen gestattet, jederzeit korrigieren zu können ohne die gesamte Auswahl bei einem Fehler von vorn zu beginnen.

Ausgangsbild (Screen-shot)

Rechteck-Auswahl aufgehellt

Kreis-Auswahl, umgekehrt und eingefärbt

Mit der Auswahl arbeiten

Eine Auswahl ist eine Begrenzung von Teilen eines Bildes, die man mit bestimmten Funktionen behandeln will. Durch die Umkehr einer Auswahl kann dabei ein Wechsel zwischen »Drinnen« (bearbeitbar) und »Draußen« vollzogen werden.

Auswahl-Begrenzungen sind immer scharfe Begrenzungen, solange man nicht eine Nachbehandlung der Auswahl z.B. durch »weiche Auswahlkante« anwendet. Die »weiche Auswahlkante« kann bei der Nacharbeit nützlich sein und verhindern, dass es zu scharf begrenzten Veränderungen kommt, die nie gut in einem Bild aussehen.

Eine Auswahl ist die Vorbereitung zum Einsatz weiterer Werkzeuge der Bildbearbeitung. Nicht in jedem Fall zwingend notwendig, denn Werkzeuge wie der »Kopierstempel« arbeiten auch ohne Auswahl. Dennoch ist die Auswahl eine Art »Versicherungsschutz«. In Verbindung mit dem Kopierstempel heißt das, dass man nur innerhalb einer aktiven Begrenzung einfügen kann. Alle anderen Bereiche außerhalb der Begrenzung werden nicht verändert.

Zauberstab, Lasso und Rechteck-Auswahl wurden nacheinander eingesetzt, um den Hut auszuwählen, mit einer weichen Kante zu versehen und nach der Auswahl-Umkehr umzufärben.

Die Auswahl kann auch die Basis für Kopier-Vorgänge sein. Alles was sich innerhalb der Auswahl befindet wird kopiert und zum Einfügen an anderer Stelle des Bildes oder in einem anderen Bild verfügbar gemacht. Solange die Auswahl aktiv ist, kann der in ihr enthaltene Bildteil zudem einer Transformation mit einer Reihe von verschiedenen Funktionen unterzogen werden.

Mit einem »Freisteller« kann ein Objekt komplett von der Umgebung isoliert werden. Im Hintergrund verbleibt reines Weiß. Im Beispiel wurde die freigestellte Kontur noch einmal mit einem Weiß-Grün-Farbverlauf unterlegt.

Ausgangsbild (Screen-shot)

Rechteck-Auswahl aufgehellt

Kreis-Auswahl, umgekehrt und eingefärbt

Transformationen

Ziehen, Stauchen, Strecken und perspektivisch verzerren – was sich wie eine Folterkammer anhört, ist in Wirklichkeit ein nützliches Instrument einer guten EBV zur Nacharbeit an Bildern oder Teilen davon.

Das unveränderte Original, an dem verschiedene Transformations-Funktionen gezeigt werden.

Skalieren

Skalieren, ein Bild größer oder kleiner machen, sollte man anderen Funktionen wie »Bildgröße« überlassen. Mit einer Auswahl und der Funktion »Skalieren« hat man jedoch ein Werkzeug, mit dem man Teile eines Bildes skalieren kann. Außerdem erlaubt Skalieren ein unsymmetrisches Verändern, was zu Veränderungen der Originalproportionen führt.

Höher als breit »verschlankt«. Hier wurden 40% mehr Höhe skaliert. Was an gleichmäßigen Objekten auffällt, übersieht man an ungleichmäßig geformten Körpern, wenn der Skalierungsunterschied gering bleibt.

Drehen

Man benötigt nur eine etwas schief gehaltene Kamera, um auf die Transformations-Funktion »Drehen« ganz bestimmt zurückgreifen zu müssen. Drehen ist in kleinen

Drehung um 45° – die Ebene wird optisch zur schiefen Ebene.

Schritten in jedem Winkel möglich. Was zum Geradestellen gut ist, eignet sich auch für Bildteile und große Drehwinkel. Das Zentrum, um das die Drehung vollzogen wird, lässt sich aus der Mitte heraus zu jeder anderen Position verschieben.

Neigen

Neigen ist eine Funktion mit Ähnlichkeit zu »Verzerren«. Die unterschiedlichen Möglichkeiten, das Bild zu Neigen kann man dazu benutzen, den Eindruck eines auf dem Tisch liegenden Bildes zu erwecken. Dazu muss man sich darauf beschränken, nur die Seiten zu verschieben. Ein auf dem Tisch liegendes, rechteckiges Objekt kann helfen, den Effekt nachzuahmen.

Viele der Effekte, so auch das Neigen, erfordern vor der Benutzung eine ausreichende Vergrößerung der »Arbeitsfläche«. Hier wird im Photoshop rings um das Bild ein zusätzlicher Raum geschaffen, in dem das Bild untergebracht wird. Ohne diesen zusätzlichen Bewegungsraum würden zuerst die Bildecken beschnitten. Bei weiterer Drehung und zu knapp bemessenem Bewegungs-Spielraum ragt schließlich auch das Bild über die neuen Seitenkanten hinaus. Mit Auslösung der Funktion werden Bildteile abgeschnitten. Zuvor kann man jedoch durch Verschieben der Auswahl mit Inhalt das Bild in die neuen Bildgrenzen eingepasst bekommen.

Verzerren

Verzerren wirkt in zwei Vorzugsrichtungen. Über die Seiten zur seitlichen Verschiebung, um Horizontale und Vertikale zu kippen. Über die Kanten findet die Verzerrung in der Diagonalen statt. Frontal fotografierte Rechtecke lassen sich wieder in eine korrekte Geometrie der Horizontalen und Vertikalen bringen, wenn die Kamera bei der Aufnahme auch diagonal verkantet gehalten wurde. Um bei gekippter Kamera (stürzende Linien) noch einen Ausgleich der gestauchten Höhe vorzunehmen, sollte man anschließend an das Verzerren eine Skalierung der Höhe vornehmen. Auch ohne perspektivische Verzerrung lassen

Neigen – auf die Seiten begrenzt, kann man den Effekt eines liegenden Bildes erzeugen.

Verzerren – jede Bildecke und jede Seite kann einzeln benutzt werden und sorgt für eine Verzerrung, die der Bewegungsrichtung von Ecke oder Seite entspricht. Diagonale Verzerrung lässt sich ausgleichen.

sich Bilder wieder »ins Lot« bringen, wobei erwähnt werden muss, dass die perspektivische Verzerrung am besten an Aufnahmen wirkt, die neben den stürzenden Linien keine weiteren »Haltungsfehler« der Kamera aufweisen.

Perspektivisch Verzerren

Eigentlich müsste sie »perspektivische Entzerrung« heißen, diese wohl wichtigste Funktion gegen stürzende Linien. Bei Veränderungen einer Seite eines Bildes über die Eckmarkierung wird diese Seite symmetrisch von der Mitte ausgehend geändert. Besonders gut funktioniert die Funktion bei Architekturaufnahmen, die mit Ausnahme der stürzenden Linien in der Horizontalen und Vertikalen geometrisch ausgewogen sind. Alle Verzeichnungen, die beispielsweise durch eine diagonale Verzerrung verursacht werden, mösssen über die Funktion »Verzerren« ausgeglichen werden. Die Funktion »Perspektivisch Verzerren« erlaubt, wie das Beispiel zeigt, auch die »unmögliche« Perspektive zu realisieren. Naheliegende Bildanteile lassen sich schmal machen, entfernte Bildpartien breiter, was den Regeln der Abbildung vollkommen widerspricht. Jede perspektivische Entzerrung sollte durch eine Verlängerung der »anderen« Seite (Höhe im Hochformat, Breite im Querformat) abgeschlossen werden, da sich Objekte im Hochformat nicht nur in der Ferne verjüngen, sondern auch in der Höhe reduziert (kürzer) abgebildet werden. Gleiches gilt für Querformate und seitlich aufgenommene, langgestreckte Objekte.

Spiegeln

Auch die Funktion »Spiegeln« wirkt auf ein ganzes Bild oder Teile davon. Sie kann horizontal oder vertikal benutzt werden. Bei der Spiegelung werden Bilder kopfstehend gezeigt oder seitenverkehrt. Vor allem, wenn Schrift enthalten ist oder ein

Perspektivische Verzerrung

Spiegelung

Tipp:
Teilweise Spiegelung

Sollen Teile eines Bildes gespiegelt dargestellt werden, so empfiehlt es sich, eine Auswahl zu kopieren und einzufügen. Der Teilbereich wird dann auf einer eigenen Ebene abgelegt (Photoshop). Diese kann ausgewählt und gespiegelt werden, ohne das übrige Bild zu beeinflussen. Sogar die Proportionen bleiben bei diesem Vorgehen erhalten.

bekanntes Logo, muss man auf die sich aus der Spiegelung ergebenden Fehler achten. Selbst ein geknöpftes Kleidungsstück verrät einen Fehler, der durch Spiegelung entstehen kann. Wird die Spiegelung, wie im Beispiel, als Effekt eingesetzt, dann muss der Effekt kopfstehend wie im Beispiel oder seitenverkehrt bei einer seitlichen Spiegelung erscheinen. Eine Spiegelung kann eine Sachfotografie interessanter gestalten helfen.

Kopier-Stempel im Einsatz. Er ist auch zum Ausbessern von Flecken im Bild geeignet.

Korrektur am Detail

Korrigieren ohne zu Mogeln, ein Grundsatz, der für Fotos generell gelten sollte. In der EBV liegt die Versuchung nahe, auch Schäden und nicht nur überflüssigen Staub auf Objekten zu entfernen. Die Entscheidung liegt beim Fotografen, beim Anbieter, auf dem »digitalen Flohmarkt«.

Stempel-Korrekturen

Das wohl einfachste Werkzeug gegen Staub und Fusseln auf dem Objekt dürfte der »Stempel« sein. Etwas weit hergeholt wurde die Definition für dieses Werkzeug. Eine intakte Stelle des Bildes, die farblich zur Staub-Lücke passt, wird als Quelle angeklickt. Man nimmt praktisch Farbe auf, wie der Stempel auf dem Stempelkissen. Mit dem Unterschied, dass neben der Farbe auch die Struktur aufgenommen wird und die Quelle mit der Bewegung des

Ein Bildteil wurde mit dem Stempel kopiert und auf weißen Hintergrund platziert.

Stempels nachgeführt wird, sobald man die Lücken füllt. Der Durchmesser des Werkzeugs ist für das Auftragen der Farbe aus der Quelle veränderbar. Große Lücken im Bild kann man mit einem größeren Stempel, kleine Fehler mit einem kleinen Stempel behandeln.

In einer EBV wie dem Adobe Photoshop muss man noch weitere Einstellungen des Stempels beachten. So ist ein weicher Verlauf im Stempeldurchmesser ganz allgemein zu bevorzugen. »Harte«, voll gefüllte Stempel erzeugen zu leicht einen scharf umrandeten Fleck an der Korrekturstelle.

Alternative Werkzeuge

Mit Pinsel, Buntstift oder Spraydose ergeben sich alternative Werkzeuge, die nur mit einer vorgewählten Farbe arbeiten können. Sie sind weniger zum »Ausflecken«, der Reparatur von Fusseln und Staub in einer Fotografie geeignet. Homogene Flächen ohne jede Struktur können jedoch sehr gut mit solchen Werkzeugen nachbehandelt werden.

Flächen füllen

Weitere Hilfsmittel sind von Interesse, sobald es darum geht, große Flächen zu bereinigen. Ein Hintergrund oder ein misslungener Himmel – nur das »restliche« Motiv sollte es ermöglichen, ohne größrere Umstände eine Auswahl zu erzielen. Innerhalb der Auswahl kann man Werkzeuge wie den »Farbeimer« benutzen. Ein Klick in die ausgewählte Fläche lässt die Farbe in diese Fläche einfließen.

Teile eines anderen Bildes in die Auswahl zu kopieren wäre eine weitere Form der Hintergrund-Bereinigung. Immer muss man jedoch darauf bedacht sein, keine zu scharfe Abgrenzung zwischen Auswahlbereich und dem restlichen Bild zuzulassen. Hinzu kommt, dass eine einheitliche Farbe, die man in die Auswahl füllt, sehr leicht extrem künstlich aussieht.

Mit einem »Farbverlauf« wäre noch eine Möglichkeit zu nennen, die einer interessanten Hintergrundgestaltung dienlich ist.

Harte Kanten mildern

Harte Kanten, scharfe Abgrenzung gegen den Rest eines Bildes, lassen die Manipulation deutlich erkennbar werden. Betrachten Sie einmal diese wenig schönen Resul-

Tipp:
Begrenzte Fläche füllen

Eine Auswahl kann flächig eingefärbt oder mit Hilfe des Verlauf-Werkzeugs gefüllt werden. Es stehen verschiedene Verlaufarten wie linear, konzentrisch (Kreis), Winkel, reflektiert oder Raute zur Verfügung. Jedes geometrische Muster kann damit durch eine Verlauf-Farbkombination eine räumliche Wirkung erhalten. Verläufe sind ebenso geeignet, Bilder partiell abzudunkeln.

Jede freigestellte Kante steht als scharfer Rand gegen die Umgebung.

tate einer Nachbehandlung, betrachten Sie aber auch einmal die Bereiche im Bild, in denen sich auf »natürliche« Weise ein mehr oder minder scharf begrenztes Objekt gegen einen Hintergrund zeigt. Immer werden Sie weiche Übergänge entdecken, Farbverläufe, unscharfe Bereiche und helle Lichtsäume. Mit dieser Beobachtung ist bereits der erste Schritt zur besseren Korrektur getan.

Die harmonisierte Auswahl

Am Ende einer Bestimmung der Auswahl, immer erst dann, wenn das letzte Bilddetail so wie man es sich vorstellt in der Auswahl enthalten ist, kann man die Auswahlkanten zu einer »weichen Auswahlkante« wandeln. Sie lässt sich in ihrer Breite in Pixeln nach Wunsch einstellen. Stets muss man die Proportion eines Bildes, das Verhältnis der Bildauflösung zu dieser Breite sehen. In einem Bild aus 400 x 300 Pixel wäre eine weiche Kante von 20 Pixel stark übertrie-

Mit dem Weichzeichner-Werkzeug lässt sich die Kante partiell harmonisieren.

Tipp:

Arbeitsschritte widerrufen

Ein Widerruf kostet Speicherplatz. Deswegen sollte man in den Grundeinstellungen wenn möglich die Anzahl der Arbeitsschritte begrenzen, die rückgängig gemacht werden können. In der praktischen Anwendung ist es von Vorteil, immer wieder eine Zwischenspeicherung des Bildes unter eigenem Namen vorzunehmen, um Vorstufen der Arbeit verfügbar zu haben.

ben. Beim zehnfachen, in einem Bild von 4000 x 3000 Pixel also, wäre die selbe Menge von 20 Pixel für die weiche Kante kaum noch zu bemerken.

In der weichen Auswahlkante wird dafür gesorgt, dass der anschließende Eingriff innerhalb der Auswahl stattfindet, am Rand jedoch fortschreitend abgeschwächt benutzt wird.

Kanten »schleifen«

Helle Kanten vor dunklem Hintergrund oder dunkle Kanten vor hellem Hintergrund zeigen das selbe unperfekte Bild, wenn durch die Auswahl und Nachbehandlung eine »echt« scharfe Begrenzung entstanden sit. Objekte sehen auf diese Weise »ausgeschnitten« wie mit der Schere aus. Es spielt keine Rolle, ob Schwarz gegen Weiß steht oder irgendeine Farbe gegen eine andere Farbe.

Mittel zur Verbesserung findet man in der EBV, im Adobe Photoshop sind es Werkzeuge wie Abwedeln, Nachbelichten, Wischfinger oder Weichzeichnen: Alle Werkzeuge können im Durchmesser verändert werden. Sie können zudem in ihrer Stärke und weiteren Eigenschaften angepasst werden. Kleine Prozentzahlen führen dazu, dass jedes aktive Überstreichen eines Bildteils nur wenig ändert . Hohe Prozentzahlen sorgen für starke Veränderung. Oft ist es besser, kleine Werte einzustellen und die Prozedur mehrmals zu nutzen.

Die weiteren Eigenschaften unterscheiden sich, je nachdem welches Werkzeug man wählte. Abwedler und Nachbelichter wirken wahlweise auf Lichter, Schatten oder Mitteltöne. Werkzeuge wie der »Weichzeichner« bieten zur Auswahl Normal, Abdunkeln, Aufhellen, Farbton, Sättigung, Farbe und Luminanz. Auswirkungen sind manches Mal schwer zu erkennen, vor allem die vier zuletzt genannten Einstellungen, wenn zugehörige Anteile im Bild nicht vorhanden oder zu schwach ausgeprägt beziehungsweise in ihren Grenzen ausgeschöpft sind. Abdunkeln hat wenig Zweck, wenn der Bildanteil bereits voll im dunklen Tonwertebereich angesiedelt ist. Ebenso macht Aufhellen keinen Sinn, wenn man damit Bildteile behandelt, die sowieso schon voll im »Weiß« stehen.

Das Risiko beim Aufhellen oder Abdunkeln ist, hellere oder dunklere Bildanteile an Objektkanten zu verlieren und damit das Problem nur ein paar Graustufen weiter zu schieben.

Werkzeuge wie der Weichzeichner lassen die Konturen »verschwimmen« oder »verschmieren« die Kante, wie es das Wischfinger-Werkzeug tut. Bei beiden Werkzeugen, beim Wischfinger sogar noch mehr, muss man darauf achten, der Kontur zu folgen und eventuell die Behandlung in mehrere kleine Schritte aufzuteilen. Auch die Kombination führt zum Erfolg, wobei man zum Beispiel mit dem Wischfinger vorarbeitet und zu deutliche Behandlungsspuren mit dem Weichzeichner-Werkzeug wieder homogener aussehen lässt.

Sobald brauchbare Kanten entstanden sind, lässt sich für viele Fälle auch der Stempel zum Korrigieren benutzen. Er nimmt Details aus einer vorher bestimmten Region auf, um sie in den Zielbereich zu übertragen. Vorsicht ist bei schrägen Kanten und Strukturen anzuraten. Ihnen muss man der Form des Objekts entsprechend mit dem Stempel-Werkzeug folgen. Ebenso muss man auf Helligkeitsunterschiede zwischen Quelle und Ziel achten.

Mit dem Freistellen eines Objekts entstehen meist scharfe Kanten rund um das Objekt. Unten in extremer Vergrößerung der Einfluss von »Weichmacher-Werkzeugen« der Bildbearbeitung. Links die noch unbehandelte Kante, die deutliche Treppen und harten Kontrast zeigt. Rechts nach der Behandlung mit Weichzeichner, Nachbelichter zur Abdunklung und leichtem Verschmieren mit dem »Wischfinger«. Die Anpassung der Kanten nimmt man am besten vor, wenn das Umfeld bzw. die Hintergrundfarbe festgelegt wurde.

Vorteil auf allen Ebenen

Von Zeit zu Zeit kommen neue Begriffe auf, mit denen zu beschäftigen es sich manches Mal lohnt. Bei der EBV sind es in zunehmenden Maß die »Ebenen«. Man kann sie sich als transparente Folien vorstellen, jede trägt ein Bild und übereinandergelegt, kann man solange die einzelnen Bilder verschieben, bis einem die Kombination gefällt.

Ebenen können, zum Beispiel über die Kopieren-Funktion, einzelne Bilddetails aufnehmen. Dazu stellt man die gewünschten Bilddetails frei (man umgibt sie mit einer Auswahl) und kopiert diese Auswahl. Nach dem Wechsel zum Zielbild kann das Detail eingefügt werden. Jedes Auslösen der Einfügen-Funktion erzeugt eine neue Ebene. So lassen sich mehrfache Kopien eines Details ebenso zu einem Bild zusammenfügen, wie es möglich ist, verschiedene Details in einem Bild, in einer Datei zusammenzubringen. Die Arbeit auf verschiedenen Ebenen eines Fotos hat über die grafischen oder fotografischen Interessen hinaus eine weitere sinnvolle Aufgabe. Auch Schrift lässt sich auf auf eigenen Ebenen einsetzen. Sie bleibt damit veränderbar in Inhalt und Position.

Erst wenn man voller Überzeugung dem »Gesamtwerk« zustimmen kann, sollte man das Paket an Ebenen zu einer einzigen Ebene zusammenfassen. »Auf Hintergrundebene reduzieren« heißt diese Funktion, nach der alle Bilddetails unverrückbar zusammengefasst sind und ein eventuell noch nicht gefüllter Hintergrund zu jener Farbe ausgefüllt wird, die man in der Palette als Hintergrundfarbe ausgewählt hat. Verbleibende Probleme mit den Kanten zwischen Hintergrund und Objekt kann man mit den zuvor beschriebenen Methoden bereinigen.

Bilddateien, die Ebenen enthalten – Arbeitsdateien somit – kann man als TIFF- oder Photoshop-Format speichern. Sie neh-

Aufgabe: Der Monitor des Notebooks soll mit einer Fotografie »gefüllt« werden. Zuerst wird der Inhalt der Monitor-Anzeige aufgehellt, um klare Grenzen finden zu können.

Mit der Rechteck-Auswahl oder einem anderen Auswahl-Werkzeug wird der »Monitor-Inhalt« umrandet und zur vorgewählten Hintergrundfarbe gelöscht.

men auf jeden Fall mehr Platz ein, als ein Bild, das nur die eine Hintergrundebene enthält. Trotzdem sollte man es sich gönnen, wenigstens ein Mal die Datei mit den getrennten Ebenen zu sichern, um jederzeit später Veränderungen oder Neuerungen mit diesem Bild mühelos vollbringen zu können. Auch erneutes Markieren und Freistellen kann man sich auf diese Weise elegant ersparen.

Das einzufügende Bild wird geladen und kopiert.

Karo-Muster weisen auf eine leere Ebene hin, in die das einzufügende Bild platziert wird.

Skalieren und Verschieben sorgen für die Feinabstimmung des einzufügenden Bildes.

Das fertige Bild wird zur weiteren Verwendung auf eine Ebene reduziert.

Masken-Bilder

Mit der »Auswahl« und unter Verwendung der Ebenen lässt sich für die Sachfotografie ein interessanter Vorteil nutzen. Man

Das Ausgangsbild wird mit einer Auswahl markiert.

Die Auswahl wird umgekehrt. Nur das Objektiv wird kopiert.

Eine Kopie wird auf eine Ebene gelegt.

legt eine zusätzliche Ebene an, markiert das Objekt mit der Auswahl und kehrt diese Auswahl um. Auf der neuen Ebene wird diese umgekehrte Auswahl dann mit Farbe gefüllt. Das erleichtert die spätere erneute Markierung einer Auswahl. Außerdem kann eine solche Maske für verschiedene Effekte, auch zur Nachbehandlung eines Hintergrundes, genutzt werden.

Ein Farbverlauf auf zweiter Ebene wird mit dem Objektiv kopiert.

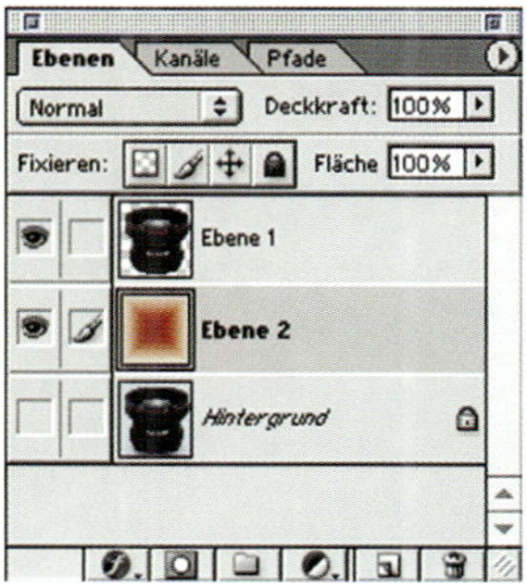

Ebenen-Verwalter mit der Anzeige der Bild-Bestandteile.

Liegt eine absolut identische Aufnahme vor, die das Objekt klar abgegrenzt gegen den Hintergrund zeigt, so kann man erneut mit Hilfe der Maske und einer Kopie der »Fehlbelichtung« sogar schneller zu einer brauchbaren Auswahl-Umrandung kommen. Steht ein solches Bild nicht zur Verfügung, dann kann man das Bild markieren, eine Kopie anlegen und diese in einen eigenen Kanal einfügen. Hier lässt sich nur dieser eine Kanal in den Kontrasten soweit verändern, dass man eine saubere

Kombination von Foto und (grüner) Maske. Die Überlagerung mit der Maske ist prozentual reduziert, um das Foto durchscheinen zu lassen.

Schwarz-Weiß-Maske erhält. Mit der Bildmischung und eventuell sogar der Verwendung von Helligkeitsverläufen (Schwarz nach Weiß) könnte man sogar Belichtungsprobleme, einen unerwünschten Lichtabfall im zentralen Motiv, ausgleichen.

Sachwortregister

DIE BLAUE REIHE von vfv – Bestseller zur digitalen Fotografie – 9 von vielen Titeln

Kompaktes Wissen im Taschenbuchformat. Kompetente Autoren, übersichtlich gegliedert, straff formuliert, Tabellen, Hervorhebungen, Marginalien, didaktischer Aufbau. Hochwertiges Papier, durchgehend farbig illustriert. Umfang ca. 144 Seiten, ca. 150 Abbildungen, Pb., Format 13 x 20 cm.

Aktuell informiert: **www.vfv-verlag.de**